ドイツ経済を支えてきたもの　社会的市場経済の原理

ドイツ経済を支えてきたもの
―― 社会的市場経済の原理 ――

島野卓爾著

知泉書館

目　次

序　章 … 3
1. 社会的市場経済は破綻したのか … 3
2. ドイツ経済政策から何を学ぶか … 7

第Ⅰ部　ドイツ経済政策の実績

第1章　ドイツの秩序政策と経済政策 … 13
1. 社会的市場経済の出発 … 13
   (1) 実務家エアハルト … 13
   (2) 「万人に福祉を」 … 17
   (3) 社会的市場経済の推進者たち … 18
   (4) 競争を通じての福祉 … 19
2. 秩序政策による仕上げ … 21
   (1) 競争制限禁止法 … 23
   (2) 年金改革 … 24
   (3) 欧州経済共同体 … 24
3. 秩序政策の理想の変化 … 25
   (1) 戦後初めての経済危機 … 25
   (2) 大連立内閣と協調行動 … 27
   (3) スタグフレーションの発生 … 29
4. 社会的市場経済の原理と内外均衡の回復 … 32

第2章　東西ドイツの統一 … 36
1. 統一前史 … 36

(1)	二つのドイツと国際関係	36
(2)	ホーネッカー議長のボン訪問	38
(3)	ゲンシャー外相の演説	39
(4)	東西ブロックの質的変化	40

2 ベルリンの壁崩壊 42
  (1) ペレストロイカの衝撃 42
  (2) ホーネッカー失脚 44
  (3) ボンの反応 46
  (4) 交渉のポーカー・ゲーム 47

3 社会的市場経済の制度的整備 51
  (1) 国家の論理と体制の論理 51
  (2) 困難な市場経済体制への改編 52

第3章 社会的市場経済の変容　　55

1 経済同盟 56
  (1) 信託公社の役割 56
  (2) 連帯協定 58

2 通貨同盟 60

3 社会同盟 61

4 福祉国家の限界 64
  (1) コスト高と失業の増大 65
  (2) 労働協約の伸縮化と差別化 66
  (3) 雇用と成長のためのプログラム 69
  (4) 度重なる年金改革 71

第4章 ドイツのコーポレート・ガバナンス　　74

1 企業経営における意思決定の仕組み 75
 1.1 社会的市場経済体制とコーポレート・ガバナンス 75
 1.2 銀行の議決権行使によるコントロール 78
  (1) 企業金融におけるメインバンクの役割 78
  (2) 集中・合併におけるメインバンクの役割 82

1.3　経営参加と共同決定を通ずるコントロール　　84
　　　　(1)　歴史的推移　　87
　　　　(2)　労働協約の変化　　88
　　　　(3)　監査役会のコントロール機能の低下　　90
　2　ステークホルダー相互間を調整する仕組み　　93
　　2.1　社会倫理的問題としてのコーポレート・ガバナンス　　94
　　2.2　企業効率問題としてのコーポレート・ガバナンス　　95
　　　　(1)　共同決定の価値　　95
　　　　(2)　労働市場改革　　98
　　　　(3)　産業再編成の波　　99
　3　ドイツのコーポレート・ガバナンス改革　　103

第II部　ドイツ経済政策の思想

第5章　社会的市場経済の思想的背景　　107
　　　　(1)　自由と正義と社会秩序　　108
　　　　(2)　共感と市場の機能　　110
　　　　(3)　国民経済の成立　　112

第6章　オルドー自由主義　　116
　1　フライブルグ学派　　116
　　　　(1)　オイケンと「方法論争」　　116
　　　　(2)　自由と競争　　118
　2　競争が生み出す秩序　　120
　　　　(1)　ベームの効率競争　　120
　　　　(2)　秩序政策に則った全体決定　　121
　3　競争秩序の成立　　123
　　　　(1)　構成的原理　　124
　　　　(2)　規制的原理　　129

第 7 章　補完性原理　　　　　　　　　　　134

1　社会教説と秩序政策　　　　　　　　135
- (1) 補完性原理の由来　　　　　　　　135
- (2) 補完性原理の実現　　　　　　　　137

2　競争と補完的経済秩序　　　　　　　141

3　市場経済と補完的経済秩序　　　　　142
- (1) 市場対計画　　　　　　　　　　　142
- (2) 補完性の情報経済的機能　　　　　143
- (3) 不確実性と補完性　　　　　　　　144

4　補完的経済秩序の制度的構造　　　　146
- (1) 制度の基礎　　　　　　　　　　　146
- (2) 補完的秩序を支える諸制度　　　　148

第 8 章　オルドー自由主義の現代的評価　　154

1　経済秩序と経済政策　　　　　　　　154
- (1) 行動秩序と法秩序　　　　　　　　154
- (2) 制度志向　　　　　　　　　　　　155
- (3) 結果志向　　　　　　　　　　　　156

2　ハイエクの秩序概念　　　　　　　　158
- (1) 自生的秩序　　　　　　　　　　　158
- (2) ハイエクの秩序とオイケンの秩序　159
- (3) オルドー自由主義と制度学派経済学　162

3　オルドー自由主義の現代的評価　　　163

終　章　　　　　　　　　　　　　　　　168
- (1) 市場主義の限界　　　　　　　　　169
- (2) 21世紀の社会的市場経済　　　　　170

あとがき　　　　　　　　　　　　　　　175
引用・参考文献　　　　　　　　　　　　177
事　項　索　引　　　　　　　　　　　　183

ドイツ経済を支えてきたもの
──社会的市場経済の原理──

序　章

1　社会的市場経済は破綻したのか

　ここ最近，ドイツ経済の調子はよくない。すぐ後で見るように，失業率は高止まりであるし，財政赤字も大幅である。不況から立ち直れないでいる日本経済と同様，ドイツ経済もついに落ちぶれてしまったのか，と早合点するひとがいるくらいである。ドイツの経済政策の骨組みである社会的市場経済の原理は，破綻してしまったのであろうか。そうではない。私の判断では，社会的市場経済は，東西ドイツの経済的統一という課題に応える豊かな土壌であり，欧州統合の基本的考え方（第7章「補完性原理」）のなかにも確固として根付いている。つまり社会的市場経済は，本家のドイツだけでなく，経済政策の基本原理として，わが国にも多くの教訓と刺激を与えるものである。その意味で，このドイツの貴重な経験と実績を広く読者に知ってもらいたいというのが，本書の出版目的である。まず，最近のドイツ経済の実態を知ることから始めよう。
　第一は，雇用問題である。2002年10月8日，ドイツ連邦労働局が総選挙後初めて発表した失業者数（季節調整前暫定値）は，前月比7万6千人減少した。しかし失業率は9.5％の高水準であり，ドイツ経済が依然停滞していることに変わりはない。シュレーダー首相は，失業対策の切り札として経済省と労働省を統合し，政策一体化に踏み切った。政労使の三者協調により雇用を創出する「雇用のための連帯」が，期待したほどの成果をあげなかったのは，雇用問題を社会福祉の側面から捉えすぎていたためで

ある。政策の一体化は，労働市場の動き（雇用率の向上，女性，高齢者，パートの労働参加）を経済政策（労働の質と生産性の向上）に強く結びつけることを狙ったものであるが，その反面，ドイツの経済政策が実績として誇ってきた福祉が後退する懸念がある。

雇用を確保し福祉も充実するという両面作戦の見取り図が，2002年8月，政府諮問委員会からシュレーダー首相に提出されたハルツ答申である。その内容は，就労斡旋の迅速化や短期低賃金労働の拡大などを梃子に，3年半で失業者数を半減させることを目標としている。その成否が注目されるのは，国内経済に必要な構造改革だけでなく，EUが決めた雇用の数値目標を満たせるかどうかという国際的要請があるからである。すなわち，1997年のアムステルダム条約が明記した「高水準の雇用の推進」は，2000年3月のリスボンEU首脳会議において，今後10年間の戦略目標「知識経済社会（knowledge-based economy and society）の実現」となり，完全雇用目標に接近するため，2010年の雇用率を現状の61％から，可能な限り70％（女性は51％から60％）に引き上げることが決定された。この数値目標は，高福祉高負担の「欧州社会」を改革し，経済成長，完全雇用，社会的結束の強化という三つの目標実現を目指す「欧州経済社会モデル」に組み込まれている。加盟各国はこの数値目標の達成をコミットしており，ドイツも例外ではない。シュレーダー内閣として目標達成が至上命題なのである。さらに2001年3月のストックホルムEU首脳会議では，高齢者雇用を推進するための数値目標も決定されているのだ。

第二は，財政赤字問題である。2002年実質GDP伸び率に関する政府予測が，1.25％から0.75％に下方修正されたように，景気低迷を反映して，ドイツ経済も日本経済と同じく，株価低落と企業倒産が続き，銀行の不良債権が拡大している。銀行頭取の交代が相次いでいる。しかし物価動向から判断する限り，ドイツ経済は日本経済と異なり，デフレの危機に晒されているとはいえない。政府の関心は，わが国と同様国内需要動向にあり，なんとか需要を刺激し，雇用を増加させたいと躍起である。しかしここにも国際的制約がある。単一通貨ユーロの価値安定と経済政策のディシプリン維持を目的とした「安定成長協定」がそれである。具体的には，毎年の財政赤字をGDP比3％以内に収める義務を負っている。景気低迷の煽り

を受け歳入が減少したため，2002年，ドイツの財政赤字は拡大し，この3％の制約を上回る勢いである。そのためシュレーダー政権は，財政拡大どころか増税に踏み切らざるをえなくなった。財政赤字によって需要を拡大するか，「安定成長協定」の大義名分に服するか，経済政策の進退ここに窮まれりという状況である。

　戦後のドイツ経済は，欧州統合，東西ドイツの統一，グローバリゼーションという三つの大きな環境変化を経験してきた。欧州統合は，1952年の欧州石炭鉄鋼共同体（ECSC）の発足以来，1958年欧州経済共同体（EEC），1967年欧州共同体（EC），1993年欧州連合（EU）と発展してきたが，統合の拡大と深化の過程において，ドイツはつねに中心的役割を演じてきた。統合初期の50～60年代における財・サービス取引の自由化，1980年代の欧州通貨制度（EMS）はその代表例である。とくに欧州通貨制度では，マルクが実質的基軸通貨というアンカーの役割を果たし，マルクの信認によって域内インフレの沈静と各国通貨の安定を実現した。これらはいずれも，ドイツすなわち社会的市場経済が欧州統合地域にもたらした大きな外部経済といってよい。本書第1章は，東西ドイツ統一までの約半世紀にわたる社会的市場経済の発展と変容を，マクロ経済的視点から捉えたものである。また第4章は，コーポレート・ガバナンスを中心に，経営参加と共同決定など，ドイツ企業経営の特徴を明らかにするとともに，グローバリゼーションの荒波に対して，ドイツ企業が巧みに適応したかどうかを批判的に考察している。

　これに対して，1990年の東西ドイツの統一は，ドイツの更なる「欧州化」を決定づける画期的な環境変化である。東西ドイツの統一が欧州通貨統合，つまりマーストリヒト条約の経済通貨同盟（EMU）の合意とほぼ同時期に可能になったことに注目したい。ドイツが経済通貨同盟に合意したことは，マーストリヒト条約の経済通貨分野におけるスケジュールとシナリオにドイツが合意したこと，つまり単一通貨ユーロの誕生に合意したことを意味する。それは，社会的市場経済の最大の成果であり実績ともいえる，マルクを放棄することを意味している。このように通貨統合は，ドイツにとってきわめて政治色の濃い判断によって進められたのであった。

したがってそれだけの覚悟で，東西ドイツの統一が進められたわけであるが，経済的には大きな負担が待っていた。その詳細は本書第2，第3章に譲り，ここでは東西ドイツの経済システムの進化が，いかに難しい問題であるかについて触れるだけにしよう。かつて60年代に，東西両体制のコンバージ理論がもてはやされたことがある。資本主義国と社会主義国は次第に似たような体制に収束していくというものである。東西ドイツの統一がもたらしたこの10年間の推移とその経済的重荷を見ると，そんな生易しい折衷主義では駄目で，ドラスティックなシステムの変化が要請されている。東西格差の是正については，社会資本などのストック格差だけでなく，長期にわたる経済体制の格差が，東ドイツ地域を西ドイツ地域や近隣諸国の生産ネットワークに組み込むことを遅らせているのだ。

しかしなぜ，東の地域の発展が遅々として進まないかよく考えてみると，青木昌彦／奥野正寛が明らかにしたように[1]，システムというものは，歴史的初期条件の違いによって異なった経路をとり（歴史的経路依存性），ショックがあったとしても，制度や慣習は慣性（inertia）を持っている。したがってシステムの均衡状態が複数存在することも考えられるわけだ。これまでおよそ半世紀にわたり，東ドイツは，社会主義による計画経済の優位性を信じてきた。そして東西ドイツが統一されてみると，自分たちの計画経済ではなく，優位性が実証された社会的市場経済によって推進されることになった。しかし東ドイツ地域を経済開発するとき，かつて西ドイツ地域で活用された社会的市場経済の制度や方法を，そのまま東の地域に投入することは，勿論できない。グローバリゼーションや深化した欧州統合といった新しい要素を考慮しなければならないからである。しかし基本的には，東西ドイツの統一において，新たな構想力をもって，社会的市場経済の原理を東ドイツ地域に適用するのがもっとも有効である。社会的市場経済は，改革にあたっての「回帰のエネルギー」となるに違いない。社会的市場経済が約50年かけて西ドイツを創りあげてきた自信を踏まえて，東ドイツをこれまでのシステムから脱皮させない限り，統一の重荷を払いのけることはできないのである。

---

1) 青木昌彦／奥野正寛（1996, p.326）

2　ドイツの経済政策から何を学ぶか

ドイツの政治は，戦後，キリスト教民主同盟（CDU），キリスト教社会同盟（CSU），社会民主党（SPD），自由党（FDP）の4党が，ある時期は保守，ある時期は中道左派の連立内閣を組むかたちで運営されてきた。1980年結成された緑の党は，東西ドイツ統一後，東ドイツの市民グループと連合し，同盟90／緑の党（Bündnis 90/Die Grünenn）となった。現在はSPDを中心とする中道左派政権である。シュレーダー首相は，政策綱領として保守と革新の中間をいく「第三の道」を強調している。われわれが学ぶべき，第一に重要なことは，保守であれ中道左派であれ，これまでのすべての政権政党が，基本的経済政策として社会的市場経済体制の発展を追求し，その一貫性が政策への信頼を内外に生み出してきたことである。

では，社会的市場経済とはいったい何だろうか。市場経済であるから，市場の調整メカニズムと自由競争を尊重し，市場の均衡化機能を重視する考え方であることは間違いない。しかし現代の経済は，さまざまな（たとえば情報の非対称性や規模の経済性といった）条件によって，市場の自動調整メカニズムが十分に機能せず，その結果，失業やインフレ（デフレ）を生み出すという不安定性をもっている。万事，市場に任せておけば，最適の経済状況が生まれるという，予定調和が成立するわけではない。社会的市場経済というとき，「市場経済」の前に置かれた「社会的」という形容詞は，市場参加者で構成する社会全体の動きに配慮するという倫理的概念である。政策による社会的調和を重視する考え方である。したがって必要となれば，政府の政策運用による市場介入も許される。たとえば市場参加者間の所得分配が不公正であれば，税制による所得移転政策がとられることになる。

世界主要国の経済政策を通観し，社会的市場経済の原理を位置づけてみよう。1980年代以降，欧米諸国の経済政策の考え方として，保守主義とリベラリズムが交代しながら登場してきた[2]。ここでいう保守主義は，市

場を万能視し，自己責任・自助努力をモットーとし，低福祉・低負担を志向し，社会的異端に対して厳しく立ち向かう思潮である。これに対してリベラリズムは，市場は万能でないから，経済安定化のためには，政府の市場介入が不可欠であるとして，相対的には高福祉・高負担を志向し，社会的弱者をも含めて社会的異端に対して寛容である思潮である。1980年代のサッチャーおよびレーガンが行った新保守主義改革，市場主義改革は前者であり，そこでは規制緩和，民営化が積極的に推進された。これに対し1997年のブレアに続くジョスパン，シュレーダーによる中道左派政権は，保守と革新の中間である「第三の道」を狙うというが，リベラリズムが基調であることは間違いない。

ドイツの社会的市場経済もリベラリズムに拠っており，市場調整を重視しつつも，政府と中央銀行によるマクロ政策の導入によって成果をあげてきた。たとえば，エアハルト政権（CDU，CSU）では成長と福祉の充実が，シュミット政権（SPD，FDP）では計画による内外均衡の回復努力が，コール政権では東ドイツにおける社会的市場経済の制度的整備が推進された。制度的整備に関して一つだけ具体例をあげれば，年金改革である。年金制度の整備は，財政負担増に拍車をかけるが，東ドイツの雇用と生活安定にとって緊急の政策課題である。まさに「社会的」市場経済の視点から，そして市民のアイデンティティの確立と連帯の意識から，東ドイツ地域に多額の財政資金が投入されたのであった。社会的市場経済の原理の具体的成果と内容については，本書第Ⅰ部ドイツ経済政策の実績の各章に譲りたい。時代と内外の環境に応じて，政策の重点が変化したのは当然であったが，この一貫性が政策への信頼を生み出し，ドイツの政治，経済，社会に大きな安定性をもたらしたのである。

ドイツの経済政策から学ぶもう一つの教訓は，秩序の重視である。本書第Ⅱ部ドイツ経済政策の思想の各章は，共通して秩序の問題を取り扱っている。秩序とは，第5章で明らかにするように，「ひとつの意味のある全体の中で，全体を構成するすべての部分領域が共同で作業する」ための決まりである。これはスコラ哲学の秩序（Ordo）の考え方であり，Ordoは

---

2) この点については佐和隆光（1988）を参照。

英語の order，ドイツ語の Ordnung の語源である。ドイツの経済政策，すなわち社会的市場経済の原理が秩序を重視するのは，市場と市場参加者の関係，全体と部分の関係，つまり「社会的」関係を重視するからである。こうした思想的背景を基礎に，オイケンやベームなどフライブルグ学派（オルドー自由主義）は，どのようにして競争秩序を成立させるかという経済政策論を展開した（第6章）。また，秩序に関連して補完性原理がドイツで尊重されるのは，中世以来ドイツが分権制であったことと密接に関係している。行政が効果をあげるためには，中央政府が集権的に政策を実施するのではなく，十分な情報をもっているところ（たとえば分権された地方政府）が行政を担当し，結果責任と説明責任を負うのがよいというのが，補完性原理の基本的考え方である（第7章）。この秩序の考え方は，民主主義が成立する制度的基盤であり，国内的にも国際的にも応用が可能である。マーストリヒト条約が，国際法規の基本哲学として補完性原理を採用したのは，具体的には，欧州統合の行政執行機関である欧州委員会の独走に歯止めをかけるためである。すなわち EU レベル（欧州委員会）で執行する案件は，各国レベルで独自に行うよりも，EU 全体で執行したほうが有効であるものだけに限る，と規定して，欧州委員会の執行権限を制約したのである。

　オルドー自由主義の現代的評価の目的は，直接にはオルドー自由主義が秩序をどのように定義し，ドイツの経済政策に応用したかについて評価することであろう。しかし第8章では，オルドー自由主義（オイケン）のいう秩序とハイエクのいう秩序を比較考察することによって，またオルドー自由主義を制度学派経済学と比較することによって，経済政策における秩序概念の重要性をより深く理解できるように努めた。秩序は経済政策だけでなく，われわれの日常生活にとっても不可欠である。とくに，ハイエクが自生的秩序の概念によって社会秩序の形成だけでなく，自由の意味を明示したことは，秩序に関心をもつ読者に強烈な印象を与えることであろう。

第Ⅰ部

ドイツ経済政策の実績

第1章

ドイツの秩序政策と経済政策

1　社会的市場経済の出発[1]

(1)　実務家エアハルト

1949年8月14日,戦後初めての総選挙の結果,キリスト教民主同盟（CDU）および社会同盟（CSU）は僅差ながら社会民主党（SPD）を破った。アデナウアーは,この結果を「市民が社会主義的な計画経済に反対し,はっきりと社会的市場経済に賛成したもの」と受け止め組閣に踏み切った。エアハルトはこの選挙結果に関連して「われわれの政策の中身はSPDよりさらに社会的なものになるだろう。真に健全で生産的な経済を基盤にしてこそ,道理に叶った社会政策が実施できるからだ」と述べ,新内閣がCDUとCSUを中心にして組織されることに賛成した。エアハルトは連邦経済相に就任し[2],社会的市場経済による経済秩序の発展を最優先の課

---

[1]　社会的市場経済体制がいつ出発したかを厳密に決めることは難しい。西ドイツの長期的経済発展の基礎となった通貨改革が実施されたのは1948年6月20日であり,当時エアハルトはアメリカ,イギリス,フランスに占領された3地域で構成される「統合経済地域経済局」の長であった。エアハルトは,通貨改革実施までにこれら3地域の市場経済体制への速やかな移行を強く主張していた。アデナウアーが西ドイツ初代の首相となったのは,その後の1949年9月15日であり,組閣にあたってアデナウアーはエアハルトに連邦経済相就任を懇請した。3地域の市場経済体制移行がその後の新通貨マルクと市場経済の信認を高めたと言えるし,アデナウアー内閣におけるエアハルト経済相の経済政策によってはじめて経済秩序が確立したとも言えるのである。

[2]　エアハルトは,戦争直後の1945／46年,バイエルン州の経済大臣であったが,それ

題としたのである。こうして社会的市場経済は出発した。

　西ドイツの通貨改革を梃子に推進された経済改革は，世界各国が驚嘆した「経済の奇跡」を西ドイツにもたらした。国民総生産の成長率は予想を大幅に上回り，所得は経済成長率と並行して高まった。歳入は歳出を上回り，財政黒字は住宅建設や社会資本などに投資され，その後は連邦軍の整備にも投入されたのである。戦地や捕虜収容所から帰国した兵士たち，ソ連やポーランドに占領された旧ドイツ帝国からの引き揚げ避難民たち，戦時中ドイツ占領地域であったチェコスロヴァキア，ハンガリー，ルーマニアからの避難民を合計すれば，全部で1800万人に達したから，戦争直後の西ドイツの雇用状況はまさに最悪であった。しかし物価安定を優先するエアハルト経済政策は，通貨改革の成功とともに市民の信認をかちとり，マルクの低金利と高い購買力は，エアハルトが標榜した「すべてのひとに福祉を」という理想を現実化したのであった。こうしてエアハルトは長期経済繁栄を謳歌する経済的，社会的基盤を築いたのである。

　エアハルトは，市場経済を手段ではなくむしろ秩序原理が貫徹されるべき場所として理解していた。彼は，市場経済ほど効率がよく，市場経済ほど生産物を社会的に見て正当に配分するシステムはほかにないと堅く信じていた。市場経済が行きわたれば，事前には予想できなかった経済的，社会的福祉の改善が実現する。つまりエアハルトにとって市場経済自身が目標であった。彼は，経済政策によって実現する経済的，社会的目標のひとつひとつに目を向けることをしなかった。彼は，福祉を市場経済が確立されたことによる副産物と捉えていた。というのも，市場経済のなかで人々が努力した結果，福祉が向上するのだから，重要なのは市場経済を運営する秩序政策だと考えていたのである。彼の理解にしたがえば，市場経済はすべての経済人に自主性を保証し，経済人が展開する経済活動を自律的に調整する。したがって，政府（国家）が秩序の枠組みを創りあげた後は，

が初めての政治参加である。彼は1928年以降，研究所や経済団体の勤務を通じて実際の経済の動きを知り，あるべき経済政策と課題を考えていた。連邦経済相としての入閣が初めてなのは当然として，彼は政治の世界では「素人」であったと言える。エアハルトは1963年まで政党に属さなかったことは，彼の社会的市場経済への熱情を想うとき興味深い事実である。

第1章　ドイツの秩序政策と経済政策　　　　　　15

経済活動を改めて計画するといった使命を政府（国家）が持つ必要はまったくない。

　ある一点に限定した経済政策を考えると，その経済政策は，特定の目標を設定して経済の動きに影響を与えるものと理解される。このように限定された経済政策は，具体的な目標，たとえば完全雇用，財産形成，経営参加などの実現を目指すのであって，秩序の実現を目指すのではない。それぞれの具体的目標に応じて，経済政策は通貨政策，独占禁止政策，貿易政策，中小企業政策となる。経済政策がこのように各種の具体的政策に細分化されるのは，その方が目標の実現にとって有効だからである。

　この点でエアハルトは，オイケンと意見を異にしていた。オイケンは[3]，政策のこうした細分化を秩序政策が不十分であることの徴候と見ていた。したがって彼は，個々の政策を相互に嚙み合わせる必要があるとは考えず，むしろ経済秩序を構築することが経済政策の中心課題だと主張したのである。秩序政策を重視したオイケンの主張も理解できるが，エアハルトの時代を含め，今日の経済政策が特定の目標ごとに設定されるのは，政策の有効性の視点から当然のことである。むしろ個々の経済政策が市場調和的である，つまり市場経済の機能がよりよく発揮されるような秩序と整合的であるという意味で，エアハルトは，経済政策が秩序政策的であることを願っていたといってよい。エアハルトは，社会的市場経済の経済政策について教科書を書かなかった。今日われわれが読むことのできる文献もそれほど多くはない[4]。数多の論文や講演のなかで自分の基本的な考え方を明らかにしているが，エアハルトがそこで示したものは，一般に行われているように，単純なモデルで市場経済の動きを表わすことではなかった。この

　3）　オイケンは細分化された経済政策の実施を疑問視し，こうした経済政策を「すべての有害な政策結果をもたらす重商主義への逆戻り」（Rückfall in den Merkantilismus mit all seinen schädlichen Folgen）（Eucken, 1990, p. 195, p. 360）と論難している。彼の判断には，経済政策を細分化すると，経済政策が課題とすべき秩序問題が隠蔽され，その検討がないがしろにされてしまうという強い危惧がある。彼によれば，秩序政策の課題は，諸々の経済政策の間に見られる相互依存性を考慮するだけで満足されるわけではない。競争秩序を本質的に規定する諸原理を実現する政策は，実はこれらの諸原理が一つのものになっていなければならないのである（Eucken, 1990, p. 289）。オイケンの業績については，さらに第6章「オルドー自由主義」を参照。
　4）　Erhard（1953, 1957, 1962, 1988）を参照。

ことが多くの人びとのエアハルトをめぐる判断を誤らせたといってよい。経済相としてのエアハルトが驚くべき直感で経済政策を正しく運営したことは誰もが認める。しかし他方で現代経済学者の眼には，エアハルトが秩序問題の理論家ではなかったのではないかと写るわけである。

　事実，エアハルトが関係したのは実際の政策であり，現実の経済に影響を与えることであった。ただ，彼が関心をもち続けたことは，その日一日の経済活動をめぐってのことではなく，長期的な経済の動きに対する政策決定であった。それは言ってみれば基本的政策の確立である。そしてそのためには，独特の理論的基礎が必要となる。経済過程に影響を与え，政策手段を操作していくためには，経済のメカニズム，諸変数の機能的関連と因果関係についての知識が必要である。その場合エアハルトが求めたものは，経済の細部を最大限見通せる写像でもなく，個々の経済過程の動きが記述され操作できるような思考モデルでも，また理想像でもなかった。彼の関心は，経済が示す持続的な基礎動向であり，複雑な経済の現実を長期的な秩序構造の中で把握することであった[5]。エアハルトは，社会は見通すことが難しいものと見ていた。その中にいろいろな機構，さまざまな確信や利害が含まれていて科学的分析をするのが難しいものと見ていた。彼は経済社会の外観全体に興味をもち，しかもその経済社会が全体として比較的安定的であることに大きな関心をもっていた。したがって，経済学の分析道具を用い，方法論上の手続きに従って経済社会という組織体を解剖し，調査のために社会の部分を利潤極大または効用極大の前提のもとで解釈するという一般的な接近法を，エアハルトは受け入れなかった。それどころか，まことにいかがわしい企てと判断していた。彼は，こうして出来あがる思考モデルこそ「血の通わぬ模型」に過ぎず，経済社会の現実の動

---

[5]　経済の現実を長期的な秩序構造の中で把握するためには，経済的なものを超え，厳密な考察を経て生み出された秩序政策の概念をもち，その上に築かれた整合的な政策行動をとることが必要である。これを満足することは，どんな政治家にとっても，どんな政策実務家にとってもきわめて難しい課題である。エアハルトがこの要求に十分応えることができたのは，バイエルン州時代および通貨改革直後の期間，彼が経験した政治的葛藤や世間的風評を立派に乗り越えたからである。彼は政治家としての名誉欲を持たず，効率的で社会的に公正な経済秩序を実現することだけに強い意志を示し続けたのであった。「経済政策は社会的，経済的，政治的命令に屈してはならぬ」というのがエアハルトの口癖であった。

きを少しも捉えていないと確信していた。その意味でエアハルトは，（政治家でもあったが）あくまで政策の実務家だったのである。

(2)「万人に福祉を」(Wohlstand für alle)
エアハルトによる戦後西ドイツの経済改革は，自由価格制の導入で始まった。しかし自由価格制をいきなり基礎食料品の供給システムに導入したのではない。1948年6月の通貨改革とともに，まず製造業製品価格が自由化された。ここでエアハルトの経済改革が，当初比較的狭い分野で実施されたことに注意したい。彼が製造業製品価格の自由化から始めたのは，製造業製品が在庫可能であること，したがって将来，安定した経済が期待されれば，十分な在庫投資が実現するに違いないと考えたからである。彼が売り惜しみを非難したことは確かである。しかし彼は，市場経済というものは，まず製造業中心に展開され，そこでの需要に応じて供給がついてくると信じていた。事実，改革の初動はこれで十分であった。在庫されていた製品が隠匿場所から続々と市場に運び込まれてきた。この動きはただちに国民の大多数に知れ渡り，新しい通貨マルクの信認は急速に高まった。人々は働いてマルクを稼ぎ，隠匿しておいた製品を市場でマルクと交換し始めた。市場経済の前提がこうして出来上がったのである。

　経済改革に関するエアハルトの功績は，まず製造業製品からはじめ，次に消費財である食料品，サービスへと市場経済を整備していったところにある。ドイツ経済の奇跡は，エアハルトの経済改革に負うところが大きい。しかし経済の奇跡は，全分野にわたる自由化，産業の民営化，マルクの交換性回復といった経済改革によっておのずから生まれたのではない。経済の奇跡は，エアハルトがいつも願っていたように，誰もが自立して経済活動に参加できる多くのチャンスができたことによって生まれたのである。エアハルトの政策目標は，特定の経済的，社会的状態を政府が実現するということではなかった。そうではなく，自分がよくなると考えることを自分自身でできるような，市場経済の秩序の構築であったのである。自由価格制は，ときに技術的理由から投機家だけが大儲けするような市場状況を生み出すことがある。住宅市場がその典型で，大量の住宅不足があるとき自由価格を導入すれば，急激な価格上昇をもたらすことになる。戦争直後

のドイツも，わが国と同様，住宅不足が大きな悩みであった。エアハルトは，社会的市場経済の枠組みのなかで，住宅供給量に合わせながら自由化措置をとった。具体的には，住宅を増やすためにまず社会住宅の建設を進め，住宅供給が十分になった 60 年代半ばになってはじめて，住宅産業を市場経済のなかに組み入れることを承認した。前述の用語にしたがえば，60 年代半ばになって住宅政策は住宅というひとつの点に限定した経済政策となったといってよい。住宅は秩序政策の掲げる目標ではなくなったのである。

(3) 社会的市場経済の推進者たち

社会的市場経済に関するエアハルトの素晴らしい業績は，彼が経済大臣に就任した日または通貨改革が行われた 1948 年 6 月 20 日に始まるのではない。およそ 20 年にわたる研究業績を社会的市場経済の概念に統合し，その概念を西ドイツの経済秩序として具体化したことこそ彼の業績なのである。彼は社会的市場経済の概念を纏め上げる過程で，リーガー，オッペンハイマー，フェアショーフェンなど多くの学者から学問上の刺激を受けたし，「社会的市場経済の父たち」とも言われるレプケ，リュストフ，ノイマルク，ルッツの業績を参考にしたのである。さらにエアハルトの研究業績と社会的市場経済の政策形成のなかに，他の学派で考察されてきた理論や概念を発見することができる。

　言うまでもなくその他の学派とは，オイケンたちのフライブルグ学派である。フライブルグ学派は，オイケンのもとにベーム，ミクシュ，グロスマン＝デルトたちが集まり，競争の重要性や経済と国家のあるべき関係など，戦時中ひそかに戦後のあるべき経済秩序を研究していたのであった。その研究過程で，オイケンは「構成原理」と「調整原理」による競争秩序や，「秩序の相互依存」という考え方を開発したのである。この点については，本書の別の箇所で考察しているので参考にしていただきたい。

　さらに社会的市場経済の推進者として，ミュラー・アルマックの名前をあげなければならない。彼は，一般に社会的市場経済の発見者と位置付けられているが，1952 年から連邦経済省の基礎政策局長，1958 年から欧州政策担当次官として，エアハルトの右腕として経済政策の策定にあたって

きた。それだけでなく彼は，カトリック教会の社会教説（Soziallehre）との関連[6]を示すことによってオルドー自由主義理論を拡張したのであった。また，国家が市場の成果に影響を与えるよう目標を設定するという考え方は彼の発想である。つまり，彼は市場経済秩序が自動的に生まれるとは考えていなかった。むしろ，政策による手助けに大きな意義を見つけようとしていたのである。

　彼にとって社会的市場経済の意味は，市場での自由の原理を社会的調整の原理と結びつけるところにあった。社会的市場経済の概念は，本来的に個人の自由が保障されなければならないという意味で価値概念であり，社会的調整はこの価値を高めるための政策的介入である。ミュラー・アルマックもエアハルトも，自由を「分割できない全部」と表現しているが，同胞の自由や権利さらには公共福祉の義務を考慮するときには，個人の自由は制約されると考えている。

（4）　競争を通じての福祉

競争を「人類が生んだもっとも優れた無力化手段」と説いたのはベームであるが，その競争のお蔭で，消費者が社会的市場経済の中心に座ることができる。市場競争の過程は，統制による障害を克服し，消費の自由を保障し，技術の革新と進歩を促進し，効率的生産，業績に応じた所得と利益の配分を実現し，権力の膨張を阻止する。大部分の個人は市場競争を通じて所得を得ているが，エアハルトは「現代工業社会においてきわめて優れた経済政策であっても，なお社会政策的措置によって補充される必要がある」と言っている。この表現は，エアハルトの経済政策の基本姿勢を示すものとして多くの経済学者によって引用されてきたが，エアハルトの真意は，経済政策の成果が十分に上がれば上がるほど，社会政策を発動する必要性はそれだけ小さくて済むということであった。

　市場経済秩序の機能が長期的に確保されるためには，国家の意識的な働きが必要である。その結果，市場の存在が不可欠という認識と，その市場経済組織を社会の進歩に結びつける努力とが総合されることになる。社会

　6）　Müller-Armack, (1950). なお，社会教説に関しては，第7章　補完性原理を参照。

的市場経済は自由経済であるが，その内容は自由放任経済と大きく異なる。政府の役割を極端に限定した古典派経済学の「夜警国家」とも異なる。国家の重要な仕事は，競争政策によって市場競争を刺激することである。エアハルトはしばしば「万人のための福祉」「競争を通じての福祉」を唱えたが，両者は不可分の関係にあるといってよい。最初の命題は経済政策の目標を表しており，次の命題は目標を実現する道筋なのである。

　この関連でエアハルトの功績をまとめれば，次の二点である。第一は，1949年の総選挙にあたり，経済政策について指導原理を書き，キリスト教民主同盟（CDU）の政策進路を社会的市場経済の路線に乗せたことである。結果は周知のように，総選挙に圧勝，彼はアデナウアー内閣の経済大臣に就任し，西ドイツに「奇跡の復興」をもたらした。第二は，1949年に公布された基本法（憲法）に，ドイツの国家秩序を規定する五つの原理のなかの一つとして「社会国家」[7]を導入したことである。社会国家は，社会的公正と社会保障を実現することで，すべての人に人間に相応しい生活を可能にすることを目標とする国家である。社会国家の原理は経済政策的に中立であり，したがって他の経済秩序とも調和的である。このことは，政権がCDUから社会民主党（SPD）に交代しても，さらに1990年東西ドイツ統一後も，社会的市場経済の原理がつねに経済政策の基本となってきたことからも明らかであるが，同時にエアハルトの慧眼を示すものと言ってよい。

---

　7) 社会国家という概念は，ドイツ国家の政治的選択に関わるという意味でドイツ固有のものである。中世以来分権国家であったドイツは1815年のウィーン会議後も39の主権国家を含む連邦国家であった。1848年3月のウィーンおよびベルリンの革命（三月革命）は，法治国家の建設をめざす自由主義運動であったが，プロイセン的と国民的という二重の性格をもっていた。鉄血宰相ビスマルクによるドイツ統一は，プロイセンの封建的伝統と企業家精神と経済力をもつブルジョアジーの結合によって生まれた。一方で社会主義取締法（1878年）による労働組合の弾圧，他方で一連の社会保障政策の展開など，いわゆるアメとムチを使い分け，多様な社会政策と工業化を追求する彼の現実政策（リアルポリティーク）から社会国家の概念が生まれたのである。第二次大戦後，ドイツ基本法（憲法：1949年制定）は「ドイツ連邦共和国は，民主主義的，社会的な連邦国家である」と規定し，社会国家の概念を憲法上の概念として採用している。

2　秩序政策による仕上げ

　西ドイツの「奇跡の復興」は，経済政策によって社会的市場経済の基盤が整備されたこともあるが，中央銀行であったBank deutscher Länderならびにその後身であるBundesbankによる通貨価値（物価）の安定によるところがきわめて大きい。エアハルトと経済省は，政治的理由から中央銀行の独立性を疑問視していたアデナウアー首相と鋭く対立した[8]。

　1948年以降段階的に実施された税制改革によって，所得税負担が軽減され，特定の資本形成に関わる税負担がなくなった。1952年に施行された投資援助・資本市場促進法が投資を活発化し，個人貯蓄を刺激した。住宅を含む個人資産形成については，関連法の整備のほか，1961年フォルクスワーゲンその他国有会社の株式公開による民営化によって促進された。

　労働市場政策の分野では，使用者団体上部機関の設立と1949年発足したドイツ労働総同盟によって，ドイツ基本法に基づく自主的賃金決定（Tarifautonomie）が保証されることになった。このように労使双方によって自主的に賃金が決定されたとはいえ，賃金上昇が控えめであったこと

---

　[8]　エアハルトはオポチュニストと体制順応主義者をひどく嫌った。彼は，展開する議論に説得力があることを知っていたから，与党議員や利害関係者の頭越しに国民に語りかけることで，政策の展開が可能と考えていた。アデナウアーはこれが気に入らず，「原理原則に固執していれば，いつかは身を滅ぼす」と冷たく当たった。アデナウアーは自分の意見を聴く，とくに利害者グループの希望に耳を傾ける経済相がほしかった。しかし1950年以降，エアハルトを休職に追い込むことは絶対に不可能であった。国民の誰もがエアハルトに絶大の信頼をおいていたからである。そこでアデナウアーは，エアハルトの活動範囲を制約したり，行動を遠慮させたり，それどころか一般大衆にエアハルトを笑いものにするような措置をとったのである。具体的には，1951年7月首相府内に経済政策調整機構を設置したことである。エアハルトはこの機構が余分で不必要だと主張したが，結局同機構のトップを引き受けることになった。そこで同年アデナウアーは，最後の手段とばかり経済省次官を同機構のトップに据えて，エアハルトの追い落としにかかった。エアハルトはこの仕打ちにも耐えたが，この経済省次官はエアハルトの人格と識見に惚れこみ，1966年まで忠実な官僚としてエアハルトに尽くすという結末で落着したのであった。アデナウアーとエアハルトの葛藤を権力闘争と解釈するのは誤りである。葛藤の原因は基本的には政策の捉え方の差にあった。エアハルトは，市場経済秩序の確立にあたって政治的妥協はありえないという確固たる態度を貫き通した。妥協すれば，特定の利害を考慮することになり，結局最後には政策意図からずれてしまうと確信していたからである。

が戦後の西ドイツを急速に復興させたことを忘れてはならない。連邦政府の自粛は補完性原理にしたがったもので，これまた復興の前提となった。控えめの賃金上昇が実現した背景には，1949年の賃金協約法，1952年の経営組織法がある。連邦政府が大枠を決め，賃金など具体的労働条件についてはこれを労使双方に委ねたのであった。また1950年以降，数多の住宅建設法が施行されたが，これらによって短期間のうちに必要な住宅が整備された。さらに1954年からは子供手当が支給されることになった。1961年には社会扶助法が発効し，生活援助と特別扶助が支給されることとなった。

　対外関係に目を転ずれば，エアハルトは外国貿易を段階的に自由化するとともに為替レートを安定的に維持しながら，世界経済との関係を密にしていった。エアハルトは，自由貿易を「世界各国と調和的協力を続ける用意と能力がドイツにあることの証しであり，分業による市場取引が盛んになっている証し」と考えていた。彼にとっては，健全な通貨政策がすべての出発点であり，そうしてはじめて貿易自由化も通貨交換性へ向けて真の進歩を約束するものであった。

　マルクが交換性を回復したのは1958年12月のことである。交換性回復によってマルクの国際的地位は確固たるものとなったが，外国貿易の拡大は当然マルクの為替レートに影響を与えずにはおかなかった。いったいマルクを切り上げるべきなのか，上げるにしてもどの程度にすべきなのか，こうした問題が国内で激しい議論を誘発することになった。1949年9月末にマルクを切り下げたときには，ドルに対するヨーロッパ通貨の切り下げという教訓をもたらしたからである。1959年，ドイツ経済の好景気とともに大量の外貨がドイツに流入し，物価上昇の惧れが強まったとき，エアハルトは十分議論を重ねた後の1961年3月，戦後初めてマルクの切り上げ（対ドル；5％，対その他通貨；4.76％）を決定した。その後1969年にも為替レートが，西ドイツ経済の内外均衡達成手段として用いられた。このときは，キッシンガー首相のもとで大連立内閣が組織されており，シラーが経済相，シュトラウスが蔵相であった。経済政策をめぐって両者の意見は相違していなかったが，為替レート切り上げに関してはシラーが賛成，シュトラウスが反対と激しく対立した。結局，この対立劇は，総選挙

後の1969年10月，9.3％のマルク切り上げで幕を閉じたのである。

為替レートによる調整もその一つであるが，社会的市場経済の秩序政策による一連の仕上げ作業は，エアハルトの政策路線に沿ったものである。それらの中から，エアハルトの業績として(1)競争制限禁止法，(2)年金改革，(3)欧州経済共同体の3政策をとりあげることにしよう。

(1) 競争制限禁止法[9]

競争の自由の確保は，社会的市場経済における国家の使命である。わが国でもそうであったが，戦争直後，占領軍が集中的に西ドイツ産業を解体した。すでに1949年10月，エアハルト経済相のもとで最初の独占禁止法が提案された。この法案は，カルテルの全面禁止と経済権力の集中に対しては罰則を含む断固たる措置をとることを内容としていた。この法案が連邦議会に提出されるまでに，連邦各州から内容を緩和する要請がだされていた。禁止原則をとるエアハルトの考え方に対して，西ドイツ産業界，与党（CDU／CSU）から反対の声があがり，アデナウアーもまたエアハルト提案に反対の意向を表明したのであった。そのため，この法案は最初の議員任期期間中には可決されなかったが，審議を重ねついに1957年7月，競争制限禁止法として公布されたのである[10]。

注目すべきことは，カルテル禁止原則が貫かれたことと，公企業の活動を例外規定としたことである。この例外規定によって社会的市場経済の秩序政策の概念に傷がついたと考える人はいなかった。むしろ，完全競争というオルドー自由主義の理念類型からより現実的な類型になったと考えたのである。事実，ベームは連邦議会において，「権力集中の完全防止や競争の完全実現といった目標を掲げても，それで世界の独占禁止法に近づく

---

9) 公正・自由な市場競争を目指す競争政策が欧州各国に導入されたのは，第二次大戦後のことである。競争政策の重要性は，1951年の欧州石炭鉄鋼共同体，1958年の欧州経済共同体の発足，つまり欧州経済統合の動きによって欧州各国に強く意識されるようになった。そのなかにあって，自由競争を尊重する社会的市場経済の原理に支えられて競争法をもっとも厳格に運用してきたのがドイツである。

10) 1997年10月，連邦政府は競争制限禁止法の第6次改正を決定した。このように数次の改正を必要としたのは，欧州競争法とのハーモナイゼーションの観点から，総合的な改正が必要と判断されたからである。

わけではない。独占禁止法の目標は，経済権力を可能な限り最小に抑制しうるかどうかだ」と言っている。1967年，連邦経済省は機能的でダイナミックな新しい競争概念を発表し，経済権力の存在とその濫用防止について独占禁止法の規範力を補完する意向を示した。これが1973年シラー経済相のもとで準備された独占禁止法第二次改正である。

(2) 年金改革

1957年の年金改革法施行によって，年金は生活を維持するための給付金ではなく，現役時の労働報酬に応じて保険料を拠出し，現役の労働報酬の伸びに対応して受給額が改定される「動的年金」となった[11]。年金改革は，1957年9月15日の総選挙にCDU／CSUが大勝し，絶対的多数の議席を獲得したことによって実現した。エアハルトは，個人選択の余地を広げ，自分自身で将来の備えを拡大するような，市場経済的志向による社会保障をめぐって何年も議論を重ねてきた。彼は，公的年金保険，企業年金と付加保険，民間保険の三本柱によって，老齢人口のすべてが保障されるようになったとき，「動的年金」をめぐる懸念がなくなったと判断したのであった[12]。

(3) 欧州経済共同体

1957年3月，欧州経済共同体を創設するためのローマ条約が批准された。欧州政策については，欧州の統一をどのようにして実現すべきかをめぐって，政府与党内で意見が分かれていた。アデナウアーとエアハルトとの間で意見が異なっていたのである。アデナウアーは自らの政治的目標のため，秩序政策的立論を排除しようとしたのに対して，エアハルトは欧州統一の動きのなかに含まれている，誤った秩序政策に警告を発したのであった。50年代におけるこうした意見の対立は，制度主義と機能主義の間の対立

---

11)「動的年金」は，所得比例年金の世界的モデルとなったが，その特徴は(1)拠出も給付も所得比例で，両者間に等価原則を想定する，(2)年金水準を現役世代の平均労働報酬に連動させる，つまり年金給付を生産力にインデクセーション化する，(3)賦課方式に転換し，1969年から完全賦課方式を採用する，の3点である。

12) 20世紀末，先進工業国は成長率の低下と人口老齢化に伴い，福祉国家システムの大幅な見直しを開始した。1992年と1999年の年金改革については，第3章4(4)を参照。

といってよい。

　アデナウアーの意見もその中に入る制度主義とは，統合のための諸制度を創設し，各国が保有している権限をこの超国家機関に移管すべきであると主張する立場である。これに対して，エアハルトや経済省は機能主義を唱えた。それによると，経済面でも政治面でも，ひとつひとつの部分的統合を創設することによって，最終的に欧州の超国家的管理機構ができあがることになる。エアハルトは，欧州統合も市場が一体化してはじめて出来上がるのであり，国際分業の枠組みを創る超国家的秩序政策が必要という立場を代表していた。それまでのところ，欧州統合は全体として制度主義的な考え方によって推進されてきた。しかしエアハルトおよび西ドイツは，ローマ条約の批准によって，ヒト，モノ，カネ，サービス各分野での競争，自由流通および居住の自由の原則を確立したのであった。これによって欧州経済共同体は市場経済に見合った体制を具備することになったといってよい。

　周知のように，ローマ条約はその後マーストリヒト条約，アムステルダム条約，ニース条約へと制度的に発展し，統合地域は当初の6か国から15か国に拡大した。さらに近い将来，東欧諸国の加盟が予定されている現実を目の当たりにするとき，アデナウアーの制度主義とエアハルトの機能主義は，対立というより補完しあって今日の欧州統合の基礎となってきたといえるかも知れない。

3　秩序政策の理想の変化

(1)　戦後初めての経済危機

戦後西ドイツ15年の特徴を要約すれば，秩序政策の優先，政治的安定，経済の復興と正常化への並々ならぬ努力に尽きる。50年代の西ドイツ経済は，恒常的な経済成長，安定的な通貨購買力，高い雇用と稼働率，自由貿易に基づく対外均衡を実現した。経済政策の成功である。ドイツでは，経済政策はしばしば景気政策と呼ばれたが，そこでも秩序政策の視点が優先された。

60年代前半は，経済政策全般にとって転換期であった。経済復興の局面は過ぎ去り，むしろ外国貿易など対外面での影響が増加しはじめた。それにつれて景気変動も大きくなり，ケインズ的政策思考が経済省内でも広がりはじめた。そうしたこともあって50年代末期，エアハルトは経済諮問委員会の設置を計画し，彼が首相になった1963年，経済安定法とともに経済諮問委員会が実現した（経済相はシュミュッカー）。この経済諮問委員会は，アメリカの大統領経済諮問委員会に似て，直接その政策を提言するわけではないが，政策を評価し今後の経済動向を事前に示すという機能を果たすものである。経済諮問委員会の設置については，まず，これが社会的市場経済の実現と密接に関連していることに注意すべきである。いうまでもなく社会的市場経済の原理は計画経済の原理ではない。ある意味では混合経済体制を志向しており，一方で政府の役割を重視しながら，他方で民間の活力をできる限り増進するという考え方である。その基本は自由経済であるが，ドイツのように政治機構的には地方分権が支配的であり，しかも中小企業が産業構造の中心では，連邦政府からの望ましい情報が企業全体に浸透することは容易ではない。その意味で経済諮問委員会によってある程度の権威づけが必要となったのである。また，政府自らが来年度の成長率を具体的に示すことは社会的市場経済の原理に悖るという考え方が当初あったことも，経済諮問委員会を設置する動機になった。同委員会によって機能を代行させながら，アナウンスメント効果の実現を狙ったともいえる。

1966～67年，西ドイツは初めて経済危機に見舞われた。民間投資，公共投資はともに後退し，在庫は増え，生産設備の稼働率が低下した[13]。1966年のGNPは前年比なお2.8％の成長率を示したが，成長の鈍化，活力の低下は明白であった。失業者は1966年秋まだ10万人強に過ぎず，約60万のポストがまだ埋まっていなかったが，この数字は見通しの暗さが雇用を手控えさせたという判断より，こんなに多くのポストが不要になった，失業の増加は必至だという印象を強く市民に与えたのである。失業

---

13) 賃金の持続的な上昇と完全雇用に慣れてしまった市民にとって，暗い景気見通しだけでも大きなショックであった。それだけに政府の無策を非難する声が高まったのである。

が増加したのに賃金は上昇し，インフレーションが高進するというジレンマが見え始めた。さらに石炭業の構造的危機がこれに加わった。重要なエネルギー源であった石炭は石油に代替され，ルールの炭鉱は閉鎖され，失業した鉱山労働者が路上に溢れた。こうした経済状況を背景に 1966 年夏，ラインラント・ウェストファーレン州の地方選挙が行われ，CDU は多くの票を失い，SPD も絶対多数を勝ちとることができなかった。この選挙結果を見て，連邦議員の多くが敗北の責任を首相であるエアハルトに擦り付け始めた。他方，経済不安が一部の市民を，新たに力をえた極右政党に向かわせることになった[14]。同年秋，エアハルト率いる CDU・FDP 連立政権は，1967 年予算の策定をめぐり与党内で意見が対立した。約 70 億マルクの財政赤字を増税で埋めたいとする CDU／CSU に対し，同じく与党である FDP がこれを否決した結果，1966 年 11 月，ついにエアハルトは退陣に追い込まれることになった。

(2) 大連立内閣と協調行動

キッシンガー首相率いる大連立内閣[15]の当面の課題は，マクロ経済運営に政府が積極的に介入することを認め，景気政策に万全を期すことであった。政治的にみれば，この大連立内閣の誕生は，初めて社会民主党（SPD）が政権政党となる機会が生まれたと言う意味で画期的なことである。また政策的にみれば，この不況を克服するには財政と金融からの政策介入（ポリシー・ミックス）が不可避であったが，これがオルドー自由主義の秩序原理と矛盾しないか問題になった意味では，政策の転換期であったことである。

当時の経済相シラーは「最大限の競争と必要な限りの計画」，つまりオ

---

14) ナショナリスティックな政党綱領をふりかざし，かつてのナチストによって指導される NPD は，1965 年の連邦選挙では完全敗北を喫した。しかし 1966 年 11 月，ヘッセン州とバイエルン州の地方選挙で議席を確保したことは，ドイツ内外でひとつの社会不安の種となった。

15) 大連立の由来は，閣僚の割り振りが SPD 9，CDU 7，CSU 4 となったこともあるが，閣僚がいわゆる「大物」で占められたことも影響している。たとえばキッシンガー（首相），ブラント（副首相，外相），シュトラウス（財務相），シラー（経済相），シュレーダー（防衛相），ハイネマン（法相）などが名を連ねている。

ルドー自由主義のフライブルグ学派とケインズ主義との結合を主張した。シラーは，競争が機能的に作用するのはミクロ経済の分野，つまり競争を通じて消費者の需要に見合った生産が行われ，競争によって費用最小の条件が成立すると考えた。また，「最大限の競争と必要な限りの計画」という主張には，意識的にせよ無意識的にせよ，ミクロ経済分野での意思決定が市場経済の諸原則に対応しているかについて，政策当局が任意に判断する余地が残されていることが含まれていたのである。この主張には，必要に応じた政策介入が社会的市場経済の秩序原理を維持，発展させるために有効との判断があった。政策の重視と必要に応じた政策介入の全体をシラーが総合誘導（Globalsteuerung）と呼んだところからも，シラーの計画による政策効果の拡大への意気込みを窺うことができる。こうして連邦政府ならびにブンデスバンクは，社会的市場経済の原理を守りながら，経済政策の所期の目的，すなわち価格の安定，経済成長，完全雇用，対外均衡を達成するため，新たに計画性を導入することになった。

　1967年6月14日，経済安定・成長促進法が発効し，経済相シラーは，総合誘導を補強するための協調行動（Konzertierte Aktion）を導入した。協調の主体は，政府，労働組合代表，経済団体代表であり，これら三者の自由な話し合いを通じて政策目標と政策の落としどころを探すことがその狙いである。具体的に言えば，労働組合からの過度の賃金引き上げ要求がコストインフレを招く危険を何としても回避することがその狙いである。総合誘導の具体的内容は，中期財政計画の策定，公共投資の配分計画，一定限度内の税率変更権限，地方債発行枠の設定，景気調節準備金の設置，ブンデスバンクの権限強化による大蔵省・中央銀行間の政策協調による放漫化した連邦・地方財政支出の見直し，コスト・インフレに対する財政金融政策の採用を骨子とするものである。

　さらに協調行動は，経済過程に政策責任のある人々が一堂に会してマクロ経済の均衡実現を図るというものである。オーケストラを構成する各楽器の演奏者が指揮者に従って交響曲を調和的に演奏するように，景気政策，成長政策，通貨政策，貿易政策，競争政策，雇用政策など，政策担当者だけでなく労使の代表も参加して，その時々に必要かつ適切と考えられる政策措置について議論を重ね，意見の一致を探る。こうして指揮者シラーの

もとで経済均衡という調べを演じよう（concerted action）というわけである。

　しかし，この協調行動は労組代表者が参加しなくなるに及んで終演となった。もともと各分野の利害関係をそれぞれの代表者間の審議で調整しようという，協調行動自体が問題含みであったのである。「民主化」という合言葉がこの政策プロジェクトの矛盾を覆い隠していたに過ぎなかったともいえる。勿論，こうした考え方はオルドー自由主義者たちのよくするところではない。オルドー自由主義者たちが考える政府は，各界の利害に左右されず，与えられた使命を十分に果たす政府である。しかしそれとてオルドー自由主義者たちにすれば，政府にあまりにも大きな政策権限を与えれば自由が犯されると反論するに違いない。こう考えると，シラーを頂点として60年代末から70年代初めの政策担当者は，政策過程を過大評価し，市場過程を過小評価していたといえるであろう。

（3）スタグフレーションの発生

これまでこれという計画を持たなかった西ドイツ経済にとって，経済安定・成長促進法の制定はまさに画期的なことであった。実態は，安定化政策による景気変動対策が中心であり，積極的な刺激拡大政策でなかったとはいえ，シラーは，計画嫌いを自他ともに認めていたエアハルトに交代して経済運営を受け継ぎ，経済均衡だけでなく秩序の確立をも実現しようとしたのであった。財政・金融を主軸とするポリシー・ミックスは，不況脱出のための初めての試練であった。

　しかしそれから間もなく，ひとつの大きな幻滅が訪れることになる。1968年7％，1969年8％強という超ブームは，財政を通ずる強烈な引き締め政策にもかかわらず，インフレを抑え込むことができなかった[16]。68年以降，金利格差にも誘発されて投機資金が大量に流入したから，金融政策によって過剰な資金を吸収するには限界があった。マルクの切り上げが遅すぎ，国内インフレだけでなく輸入されたインフレがこれに加わってし

---

[16]　1968年のGDPの伸びは7.1％，失業率は1.5％と好調であったが，同時に賃金は6.2％上昇した。1966／67年の経済危機を脱出し，将来の経済見通しは明るくなった。

まった。事態がここまで深刻化したとき，シラーが開発したあの協調行動が取り上げられることもなくなってしまった。

　1969年10月，大連立内閣からブラント[17]を首相とする社会民主党（SPD）への政権交代[18]は，まさにこれまでの秩序政策理念の変更を側面から迫ったものといってよい。政権交代を決定的にした要因は東方政策[19]であった。シラーが選挙戦に際して明解に示したマルク切り上げ論議は，その後のSPDの経済政策能力強化に大いに役立った。しかし元を糾せば，SPD勝利の基盤は，1959年11月のゴーデスベルグでの政策綱領の刷新にある。これでSPDの市場経済に対する考え方が明瞭になり，選挙民の理解が深まったことを忘れてはならない。ただ，シラーは，財政政策によるマクロ経済政策運営の可能性を過信し，通貨の安定性とマクロ経済の枠組み設定がもつ重要性を過小評価していた。この過小評価が政策の行き詰まりをもたらし，シラーが1972年蔵相を辞めざるをえなくなった真の理由である。

　1970年代になって社会国家および福祉国家への関心が強まり，経済秩序，社会秩序を優先するというこれまでの考え方と交代することになった。しかし忘れてならないことは，これによって，公共部門の責任が増大し，官僚化の度合い強まり，その結果，状況の変化に対する適応力をなくし，市場経済が持つ効率とダイナミックな力を低下させてしまったことである。雇用目標を実現する責任は政府に押しやられ，政府は軽率にも目標を実現しようとし，安全第一の資産保有と安定の考え方が促進され，経済の伸縮性はかえって小さくなってしまった。政府に対する要求が強まり，働いて

---

[17]　ブラントにはカリスマがあり，彼はとくに若年層とよろこんで話をした。若年層は彼のなかにドイツのJ. F. ケネディを求めていたのかも知れない。彼の政治歴はベルリンで始まる。ロイター（E. Reuter）市長の政治観に共鳴し，東ベルリンの権力者たちにとってもっとも手ごわい交渉相手となった。1957年市長就任後は，東西ドイツ，東西ベルリンの分割をできるだけ早く終息させることに努力してきたが，諸外国とくにアメリカから「ナチの過去をもたないドイツ人」として高く評価された。1961年以降SPDの首相候補となり，SPDを国民政党にまで育成した最大の功労者でもある。

[18]　ブラント政権の誕生によって，キリスト教民主同盟（CDU），同社会同盟（CSU）は戦後初めての完全野党となった。「生まれつきの政権政党」を自他ともに認めていたひとびとにとって，完全野党化は，最後の首相キッシンガーの役不足に対する不満もあろうが，他の有力議員の力量も政権交代に結びついている。

[19]　この点については，次章　東西ドイツの統一を参照。

国民生産物を増やすという考えよりも分配への要求が優先されるようになった。

　ブラント内閣になって，公共財供給と社会的トランスファーが増えた結果，公共サービスのための人員がおよそ百万人も増加してしまった。公共部門での賃金上昇，73年と79年の石油価格上昇，さらに民間部門においても労使双方の所得分配に関する無理解が加わって，1969年の2％弱から1974年の7％へとインフレを高進させ，成長の鈍化に拍車をかけることになってしまった。つまり，スタグフレーションが始まりだしたのである。ブラント政権は第二期目に入ったが，多くの選挙公約も処理されず，正直言って実績の少ない看板倒れの内閣であった。労働組合から要求された共同決定の拡大は，与党 FDP の政治工作によって空疎な内容で終結してしまったのはその一例である。社会国家の建設はドイツ固有の歴史的背景もあり，年金保険，医療保険など社会保障分野がさらに拡充された。この分野の政策はつねに与野党一致で進められてきた。その結果，1970年から75年でみると社会保障関係費総額は倍増し3340億マルクの巨額に達した。これは社会保障関係費が国民総生産（GNP）の四分の一から三分の一相当額に増大したことを意味している。この原因は経済成長率の楽観的見通しに基づいて支出額を算出したことにある。1973～74年，石油危機勃発とともに経済成長は鈍化し，財政収入が縮小した。この放漫財政がたちどころに行き詰まったことは言うまでもない。第一期ブラント内閣では，放漫財政政策に反対した二人の蔵相，メラー（Alex Möller）とシラー（Karl Schiller）が退任している。シラーの後任はシュミット（Helmut Schmidt）であるが，彼が着任したとき，多額のコストが必要な政策案件に支出する金が最早どこにもなかったと伝えられている。ブラント首相のガバナビリティは，政権末期まさに地に落ちたのである。

　こうしてドイツの経済状況は，1973年以降極度に悪化した。インフレ率は1974年，6.9％に上昇し，成長率は7.5％（1969年）から0.5％（1974年）に落ちた。失業人口についていえば，1974年の60万人が翌1975年には100万人以上となり，その後1983年以降では200万人以上となった。連邦政府は経済安定法による景気拡大プログラムを実施したが，この景気下降傾向をとめることが出来なかった。このように1970年代前

半のドイツ経済は，通貨政策の混乱，財政支出の膨張，社会保障費の増大，インフレ率の急上昇，スタグフレーションが織り成す政策混乱の連続であった。

1973年3月，欧州共同体（EC）が対ドル共同フロートを導入したことは，ブンデスバンク（ドイツ連邦中央銀行）にとって政策の自由度が増大したことを意味する。ブンデスバンクはふたたび物価安定に全力をあげる体制をとることが可能になった。ブンデスバンクは流入した外貨に見合って市中に供給されたマルクを吸収するために強い引き締め政策をとった。また74年1月，フランスがEC共同フロートから脱退したことによって，ブンデスバンクはインフレ対策としてそれまでブンデスバンクの内部的な操作目標であった通貨発行量に加え，その増加率を公表し，ブンデスバンクの政策スタンスを周知させるなど，金融政策がさらにとりやすくなったのである。

4 社会的市場経済の原理と内外均衡の回復

ブンデスバンクはつねにマルクの安定を政策目標としてきたが，その努力はマルクを欧州の基軸通貨に仕立て上げることで結実した。1979年3月発足した欧州通貨制度（EMS）は，ブンデスバンクの金融政策を中心に運営されたから，ブンデスバンクはドイツの経済状況だけでなく，アメリカの金融政策，欧州諸国の金融政策とその動向をつねに考慮しなければならなかったのである[20]。この課題に答えることは容易なことではなかった。たとえば，1981年，史上最高の金利水準を記録した西ドイツ経済は，ブンデスバンクに対して最大の試練を課したといってよい。国内的には財政

---

[20] 国際通貨システムという視点からEMSに接近するとき，EMSの信認維持機能，調整機能，流動性創出機能を考察する必要がある。ただ，EMSは参加各国の中央銀行ではなかったので，流動性創出機能をもっていなかった。EMSは，マルクを中心通貨として協調介入することによってEMSの信認を高め，アメリカ金融政策の波及を巧みに域内調整した。この成功により，1999年1月欧州中央銀行が誕生し，欧州統合は財・サービスだけでなく通貨にまで拡大することになった。EMSを中心とする欧州通貨制度の経済分析については，島野卓爾（1996）を参照。

赤字，対外的にはアメリカの高金利という困難な状況のもとで，政策の舵取りがすべて金融に皺寄せされたからである。

　70年代末から80年代初めまでのブンデスバンクの苦しい経験は，財政赤字のもとでの経常収支赤字と，競争力低下によるマルクの弱含みからいかにして脱出するかという難問に答えることであった。1974年5月ブラントは首相の座を降り，シュミットがその後継者となった。彼は就任後最初の所信表明で，コストのかかるすべての改革プロジェクトを中止し，「冷静に現実主義に戻り，いま必要な課題に集中する」と述べた。実際家であり危機管理者であるシュミットの時代が始まったのである。ブラント時代の改革へ出発といった浮いた気分は消え去り，危機意識の浸透と安定の意識が高まった。シュミットは，1973，1979年の石油危機がドイツ経済および世界の政治経済に及ぼす影響をもっとも正確に判断した一人である。彼は，完全雇用の時代が去り，成長率の低下，失業の増大が不可避の時代が来ると考えた[21]。他の工業国と比較すれば，成長率を含むドイツの経済指標は良好であったが，その結果財政は，1970年の470億マルクから1982年の3090億マルクに急膨張したのである[22]。

　他方，内外金融市場の動向を見ると，ドイツの長期債市場は，アメリカの高金利によって異常なほど明瞭な形で交互に利回りを高めていく国際的利回りの変化の中に，いってみれば完全に放り込まれていた。こうした状況で金利引下げの可能性を見出すことは容易ではない。まさに開放経済のもとでの経済運営の難しさを端的に示していたといってよい。

　まず78年11月，ブンデスバンクは，外為市場への介入資金として，ニューヨーク連銀との間でスワップ額を40億ドルから60億ドルに増加することでマルクの安定化に備え，他方で外為市場への介入を強め，通貨供給量を少しずつ増加させていった。同時に市中銀行部門の保有準備率を9％に引き上げるとともに，保有債券を市場に売却することによって市中余剰資金を吸収したのである。こうしてマルクの対ドル相場を安定させながら，ドイツの長期金利をアメリカに対抗できる水準にまで引き上げることに成

---

21) 事実，シュミット時代の末期である1982年の失業者は180万人に達した。
22) 財政赤字の増大を危惧した与党FDPは，社会保障関係費の削減をシュミットはじめSPDに迫り，これが結局シュミット内閣の命取りとなった。

功したのであった。

　次いで79年1月以降，市中銀行のブンデスバンクからの借り入れ枠を削減することによって引き締めを強化するとともに，翌2月には，特別ロンバート制度を導入することによって資金の流出入を調節し，マルクの安定を実現したのである。その後82年春，ロンバート金利と公定歩合の金利格差が1％ポイントという正常状態に戻ったこと，長短金利の逆転現象が修正されたこと，民間投資収益率が国債利回りを上回ったこと，経常収支の改善からマルク高への期待が生まれ始めたことなど，経済が正常化したと判断してブンデスバンクは，事実上の金利引下げ措置をとることになった。

　対外均衡の回復から対内均衡に目を転ずるとき，80年代初め西ドイツ経済は，総合的経済政策の失敗の後始末に苦しんでいたといってよい。詳細は別章に譲るが，端的に言うと失敗の第一は景気政策のタイミング，第二は財政赤字の処理，第三は国内政治改革である。とくに財政赤字に関しては，累積債務の縮小よりも公債発行による財政支出（需要サイド）が優先されたから，財政赤字は実質的に処理されなかった。供給サイドの軽視が経済体質の強化を遅らせたことも否定できない。またシュミット内閣は，国内政治改革を実現しようと総合的経済政策を引き伸ばしてきた結果，企業から「一体どれだけのストレスに耐えられるのか」「改革フェチシズム」「権力の神話」といった言葉が聞かれるようになった。これらはいずれも，官僚主義が民間経済にいかに多くの犠牲を強いているかに対する痛烈な批判である。そして1982年9月17日，シュミット内閣に与党として参加していた自由党（FDP）は閣僚を引き上げ，同年10月1日，建設的不信任投票によってシュミット内閣が退陣し，CDU／CSUとFDPの連立によるコール内閣が発足した。

　コール内閣の発足とともに，これで市場経済へ回帰すると期待されたことは確かである。しかし市場経済へ向けて明解な考え方が実際にできあがり，これが体系的に推し進められたわけではない。実際に進められた内容より，むしろ時代の転換点について語られる方が多かった。その一例が補助金の取り扱いである。補助金給付は財政にとって重荷であり，赤字の縮小を困難にする。また経済構造の変化に必要な調整を妨げることにもなる。

この点は自明であり，経済諸問委員会でも意見に相違はなかった。しかしこの自明なことが分かっていても，政治的配慮が補助金の縮小を遅らせてきた。選挙で票を失う惧れがあまりにも大きかったからである。その他の分野，たとえば通貨価値の安定性については70年代よりはるかに成果があがったといえる。もちろん通貨価値の安定がブンデスバンクの功績か，それとも先進工業諸国が通貨価値の重要性を認識したお蔭かどうかについては，別に改めて十分に検討しなければならない。

第2章

東西ドイツの統一

1　統一前史

(1)　二つのドイツと国際関係

1969年9月の西ドイツ総選挙後,社会民主党（SPD）が第三党の自由民主党（FDP）と連立し,ブラント首相,シェール外相の内閣が組織されたことは,東方政策の積極化を大いに期待させるものであった。ブラント首相は施政方針演説で,「西ドイツは規制された並存から共存へ向かうよう試みる」との柔軟な方針を明らかにした[1]。しかし東ドイツを国際法上の独立国としては承認せず,東西ドイツは二つの国であっても,両国は外国ではないという従来からの態度を維持したのであった。

---

1) ブラントは,これより前の1953年6月16〜17日,東ベルリンとソ連占領地区（東ドイツ）でドイツ労働者が蜂起したのを捉え,6月17日を「ドイツ統一の日」として次のように演説した。「過去数年間の外交分野における幻滅と,現実主義の欠如は,東西間で交渉する機会を与えなかった人々に責任があるのです。いずれにせよわれわれは,大国がさしあたりドイツ問題の解決について,まったく交渉を持たない点に,いぜんとしてより大きな危険があるものと見ています。ドイツの政治は,この危険をさらに拡大するようなことをしてはなりません。ドイツ問題の平和的解決以外に,真の解決はありません。ドイツ問題についての交渉の可能性以外に,可能性はありません。われわれは,平和と自由のなかでドイツ統一を勝ちとりたいのですが,その戦いの中でもっと精力的に行動し,もっと目標を明確にし,もっと決断を固めることを要求します。」G. グラス『ドイツ統一問題について』1990, p. 173 pp. 参照。この演説から推論されるように,ブラントは,東西ドイツの統一のために,ソ連を含む東欧諸国と理解を深めることが最重要と確信していた。ブラントが首相になったとき,理解は進み,国際政治情勢はブラントにとって順風であった。

東ドイツも，ブラント首相の声明に積極的な反応を示した。ウルブリヒト大統領は，1969年12月ハイネマン大統領に書簡を送り，両ドイツ間に平等で国際法に基づく関係を開くための協議の開催を提案した。ベルリン問題を除いて，意見の基本的対立点は，両ドイツ関係の基本的性格をどう捉えるかにあった。西ドイツは，ドイツ問題の最終的解決に関する権限は，4大国（アメリカ，イギリス，フランス，ソ連）にあり，両ドイツによる相互的話し合いは暫定的なものと主張したのに対して，東ドイツは，両ドイツは，国際法上平等で完全な主権国家であり，両者の話し合いは，最終的な性格をもつと主張した。

　この対立点に決着がつかないまま，1972年11月「ドイツ連邦共和国およびドイツ民主共和国の関係に関する基本条約」がボンで仮調印された。当然，条約は双方の主張の妥協点を内容とするものであった。4大国の権限，平和条約の留保，西ドイツによる西ベルリンの代表権が確認されたが，両ドイツが，国連に加盟申請を行うときには，4大国はこれを支持するという4大国共同声明に示唆されるように，両ドイツが実質的に国際法上独立であることが明瞭になった。こうして東西二つのドイツから，1990年，ついにドイツが統一されるまで，さらに18年の歳月が必要であったのである。

　この条約によって，両ドイツ間の実務面での協力や交流が盛んになったことが，最終的に統一を成就させることになったといえる。西ドイツが，統一後はじめて交流を実現するのではなく，主権を認めるうえでも，交流を進めることが先決と判断したのは，まことに的確であった。西ドイツは，隣国との国際関係を正常化することによって，東方政策を自らの判断で展開する可能性を拡大したのであった[2]。とくに，西ドイツおよび西ベルリンから東ドイツ，逆に東ドイツから西ドイツへの旅行が盛んになるにつれて，国境通過手続きの簡素化が要望された。しかし東ドイツ側から周期的に繰り返される嫌がらせ的措置（厳重な通過検査，通貨交換額の強制引き

　2）　シュミット首相は，一連の交通協定（ベルリン・ハンブルグ間のアウトバーン建設，ベルリン・ヘルムシュテット間の複線路敷設，中部ドイツ運河の拡幅工事など），一括支払協定（通過旅行者，道路利用，郵便），年間8億5千万マルクまでの無利子当座貸越協定を継続することによって，東ドイツ経済との関係密接化に努めた。

上げ）によって，実現は容易ではなかった。他方，東ドイツの経済安定化にとって，西ドイツとの貿易拡大，ドイツ・マルクの確保，西ドイツ銀行からの借り入れ，各種の経済協力が不可欠であった。そこでシュミット首相は，東西ドイツ間の旅行の簡便化，転居，家族の引き合わせ，政治犯の釈放などの措置をとり，東ドイツの要望に対応したのである。以下では，そうした努力の代表的な例として，まず東ドイツのホーネッカー議長のボン訪問について述べ，その後でゲンシャー演説が，ドイツ統一に果たした大きな意義について考えてみることにしよう。

(2) ホーネッカー議長のボン訪問

ホーネッカー議長[3]がボンを訪問したのは，1987年9月になってのことである。ドイツ社民党（SPD）とドイツ自由民主党（FDP）の連立によるブラント政権と，その後のシュミット政権は，いずれも東方和解外交を続けたが，これは実質的には，西ドイツを含む西欧諸国が「二つのドイツ」を認めた時代であった。西ドイツ側から，ドイツ統一に関して新しい提案はなかった。ドイツ問題は解決済みという考え方が，ヨーロッパの東側にも西側にも支配していたのである[4]。その間，西ドイツでは13年にわたる社民党（SPD）の時代が終わり，政権はコールが率いるキリスト教民主同盟・同社会同盟に移った。

---

　3)　ホーネッカーは，ザールラントの生まれで，18歳で共産党員となった。1937年，非合法活動の罪で，第三帝国政府より10年の懲役に処せられた。監獄内で彼はとくに仲間を作らぬ一匹狼と見られていた。1945年3月，女看守の助けによって脱獄した。戦後，彼はソ連占領地区（東ドイツ）でめきめきと頭角を現わし，ウルブリヒトに忠誠を誓い，その片腕となった。1946年以降，自由ドイツ青年党代表として活躍し，この組織を通じて共産党の大衆組織化に貢献しながら，党の要職を登りつめ，東ドイツ中央委員会の安全保障委員会幹部，警察，国境警察幹部など，党の要職を歴任し，ついに東ドイツ中央委員会議長となった。

　4)　ホーネッカー議長がボンを訪問したときの西ドイツ首相は，シュミットではなく，コールである。コールとホーネッカーとの出会いは，これが初めてではない。1984年2月，ソ連共産党書記長アンドロポフの葬儀に参列したコールは，米ソ関係改善の兆しを捉え，ホーネッカーに両独関係の一層の緊密化を提言した。その後，1985年3月，モスクワでチェルネンコ書記長の葬儀の翌日，コールはゴルバチョフ新書記長と会談し，その会談の結果を葬儀に参列していたホーネッカーに伝えた。その内容は，「ヨーロッパ各国の主権と国境を，現状の通りに維持することが平和の条件」であり，これがその後の両独関係の改善に大いに役立ったのである。

第2章　東西ドイツの統一　　　　　　　　　　　　　　39

　80年代前半になると，東ドイツが属している東欧ブロックにおいても，西ドイツが属している西欧ブロックにおいても，政治的にかなりの質的変化が見られるようになった。たとえば83年10月，中距離核戦力（INF）をめぐるアメリカとソ連の交渉が行き詰まった結果，ソ連は東ドイツとチェコスロヴァキアにミサイルを配備した。これに対して，ホーネッカー議長は猛烈に反対し，核を「悪魔の産物」と呼んで，アメリカに対してもソ連に対しても，核兵器配備に強く反対したのである。ホーネッカーは，西ドイツとの対話の必要性を痛感し，核戦力の配備を止めることこそ，まさに理性の連合ではないかと西ドイツに呼びかけたのである。この時は，ソ連の猛烈な圧力で，ホーネッカーのボン訪問は取りやめになった。しかしこの事実ひとつ見ても，すでにソ連と東ドイツの関係がそれほど良好ではなくなっていたことが分かる[5]。その意味で87年9月，ついにホーネッカー議長のボン訪問が成功したことは，東西ドイツが政治的思惑を異にするとはいえ，国際関係を独自の判断で切り開きはじめたことを示唆している。

(3) ゲンシャー外相[6]の演説

89年9月初め，ウィーンの国立図書館で行われたゲンシャー外相の演説は，一部で検討され始めた中立化によるドイツ統一論を却下し，東西ドイツ統一に関する西ドイツの基本的スタンスを示したものであった。演説のなかから興味深い部分を取り上げることにしよう。

　「ヨーロッパのレールの行き先はひとつであり，現時点ではこのレールを強め伸ばして行かなければならない。このレールに乗らなければ，ドイ

---

　5) シュミット西ドイツ首相が東ドイツを初めて訪問したのは，1981年12月のことである。当時，すでに東ドイツ政府のドイツ政策は，実質的に変化し始めていたのであるが，たまたま，ポーランドの「連帯」を中心とする労組の激しい抗議運動とぶつかり，東ドイツ政府はドイツ問題に深入りすることができなかった。ポーランドで日増しに声高になる改革要求，自由と人権，軍縮の主張が，東ドイツ政府要人にとって，共産主義支配に対する反革命そのものと受け取られたからである。

　6) ゲンシャー（Hans-Dietrich Genscher）は，シュミット内閣（1974～82）とコール内閣（1982～98）の外相であり，東ドイツ政府との直接交渉はもちろん，西側諸国，なかんずくEU諸国から了解を取りつけるという難事業を忍耐強く成し遂げたという意味で，東西ドイツ統一の陰の立役者といってよい。

ツ人は孤立化という袋小路に迷い込むことになるだろう。東ドイツの指導者たちが，いま知らなければならないことは，国内改革をぐずぐずしていることが原因で，多数の避難民を出しているということだ。とくに若年層の流出が続いていることを，東ドイツの指導者たちはしっかりと認識すべきである。東ドイツが改革を遅らせることは，ヨーロッパに今起こりつつある改革の動きから孤立し，不安定な状態を作り出すことにもなろう。東ドイツとの協力は，西ドイツと東ドイツ両国のドイツ人ならびにヨーロッパに進歩をもたらしてきた。われわれの運命は，ヨーロッパ全体としっかり結びついているのであって，われわれの対外政策，ドイツ問題に関する政策を，ヨーロッパから切り離してはならないのだ。」

「中立化への移行は，過去への舞い戻りを意味するに過ぎない。それはヨーロッパ全体に新たな不安定性をもたらす。それと同時に，東西ドイツが接近する過程に，憂慮すべき危険を持ち込むことになる。」「国境の決定を，東ドイツおよびソ連軍だけに任せてしまうべきではない。ヨーロッパの将来にとって必要なことは，国境をシフトすることではなく，国境に透過性を持たせることにより，最終的には国境を不要なものにすることだ。」

以上の演説〔一部〕から明らかなように，ゲンシャー外相は，東西ドイツ中立化の企てがいかに危険なものか，それはヨーロッパと無関係に，自分たちだけの意向でドイツ問題を解決しようとする浅慮な企てだと断定したのである。それだけではない。当時すでに東ドイツからの避難民が，ハンガリー，オーストリアを経由して，続々と西ドイツに流入し始めていたから，このゲンシャー演説が，東西ドイツの統一を加速するうえで重要な役割を演じたといってもよいのである。

(4) 東西ブロックの質的変化

東ドイツは，ソ連から多額の資金援助を受けて成長してきた国である。しかしブレジネフの時代が終わり，アンドロポフ，ゴルバチョフと大統領が代わる過程で，ソ連の経済力も落ちてきた結果，ゴルバチョフ以降，ソ連から東ドイツに供与された資金はそれほど多額ではない[7]。アメリカの調

---

7) ゴルバチョフ時代のソ連経済がいかに疲弊し，財政的に困窮していたかを裏付けるよ

査資料によると，72年から81年の10年間に，ソ連は東欧ブロック全体に総額1108億ドルの資金援助をした。そのうち東ドイツは約三分の一の357億ドルを占めている。同期間，ルーマニアに対する援助額が，わずか5億ドルであることを考慮すると，ソ連がいかに東ドイツに肩入れしていたかが明瞭である。

　しかしゴルバチョフ以降は，ソ連経済自体，足元に火が点いたこともあり，先に触れたように資金供与がほとんどできなくなった。その結果，87年以降，東ドイツは自立して経済運営をせざるをえなくなった。そしてそれが，西ドイツとの国際関係を活発化させる背景でもあったのである。では，西ドイツとアメリカの関係はどうであったのか。かつてブラント首相は，東西ドイツをともに独立国として認めることに熱心で，アメリカにも親近感を持っていた。しかし時が経ち，党首を辞めるときの決別演説では，彼は一度もアメリカという言葉を使わなかった。これは，当時の社民党左派勢力の強い対アメリカ批判を反映している。言うなればアメリカと西ドイツの国際関係は，決して一枚岩とはいえなかった。事実，シュミット首相はこの大きな揺れのなかに居たたまれず，与党自由党（FDP）の反乱もあり，ついに政権を投げ出すことになった[8]。

　こうして82年秋，保守党のコール内閣が成立することになるのである。コール首相にしても，国内には「緑の党」や環境保全に尽くす民間団体（NGO）の動きもあり，対外的にはホーネッカー議長が，中距離核戦力（INF）を「悪魔の産物」呼ばわりして，ソ連に食い下がった事実を無視

うな統計資料を見つけることは難しい。しかし，資金的援助を申し出たコール首相に対して，ゴルバチョフ大統領は，東西ドイツ統一を承認する代わりに，多額の資金援助を要請した。そのときの息詰まるような政治的，経済的折衝の経過については，次節の(4)交渉のポーカー・ゲームを参照。

　8）　米ソ両国の核軍備の拡大は，安全保障，環境保全問題の関心グループを刺激し，大規模な抗議集会やデモを誘発することになった。ただしグループの主張は，ソ連の核軍備に西欧が遅れをとることを危険視するもの，米ソの核軍備の進展が欧州に限定された核戦争を誘発する危険を強調するもの，さらには人類滅亡の可能性をもつ核軍備の完全廃絶を主張するものまで多様であった。教会，大学，公共施設での討論会，デモが相次ぎ，政府としても，核軍備による威嚇効果や勢力均衡に関して，西ドイツの言い分を聞いてもらうことはきわめて難しかった。とくに1981年初め，レーガンが新大統領になってから，アメリカの対ソ強硬姿勢が目につき，西ドイツが親米的態度をとり続けることが，対ソ連，ひいては対東ドイツ政策を難しくするという意味で，シュミット首相のジレンマが大きくなった。

できない。コール首相も,米ソがINF全廃条約を頭越しにやったことに激怒して,アメリカに抗議した。コール内閣は,反核勢力に対しても反応しなければならず,他方でNATOの有力メンバーとして,どこまで通常戦力をアメリカに肩代わりしなければならないかという二つの難問を解かなければならない立場にあった。したがって,頭越しにゴルバチョフ大統領との間で展開されるアメリカのヨーロッパ政策の煽りを受けて,西ドイツとアメリカの関係も,必ずしも調和的ではなかったのである。

2 ベルリンの壁崩壊

(1) ペレストロイカの衝撃

1987年は,多くの点で東ドイツにとって運命の年であった。ボンを訪問し,東ドイツの主権が認められたと判断したホーネッカーは,これで東ドイツを長期・安定的に統治できるので,ソ連からの改革の要請に応えなくて済むと考えた。彼は,安全保障問題－東西両大国の軍縮,核戦力の縮小に関してゴルバチョフ書記長と完全に意見を同じくしたし,アメリカとの緊張緩和政策に関しても同様であったが,社会主義を現代化するというゴルバチョフの意見だけには,強く反対であった。グラスノスチ(オープン化)とペレストロイカ(経済的,政治的変革)という二つの言葉は,新書記長ゴルバチョフの新たな政策を象徴しており,ソ連経済社会の近代化,民主化への第一歩として,西欧諸国から大歓迎を受けたのである。しかしホーネッカーだけは,これを権力崩壊の兆しとして危険視した。ゴルバチョフ書記長が,戦時中の反ファッシズムの闘士として,また戦後東ドイツの建設に目覚しい業績をあげた同志として,ホーネッカーに敬意を払っていたことは確かである。しかしホーネッカーにして見れば,ゴルバチョフが欧州の経済大国となった西ドイツとの経済関係を緊密化しようとしたり,東ベルリンの特別な希望よりも,超大国アメリカの要望を重視することから,意見の不一致だけでなく,ソ連は本当に東ドイツを助けてくれるのかを疑問視するようになった。

ここでホーネッカーの東ドイツでの立場をみておこう。実は,彼の判断

第2章　東西ドイツの統一　　　　　　　　　　　　　　　　43

と現実とはあまりにも大きくかけ離れていたのである。ホーネッカーは，東ドイツのすべての世代によって東ドイツが受け継がれていくと確信していた。この確信は，1989年までホーネッカーに熱心にご機嫌をとってきた西ドイツの政治家たちとの話し合いからも確認できる。ホーネッカーは，1987年のボン訪問と翌年のパリ訪問を，彼自身まさに人生の頂点と捉えていた。しかし多くの東ドイツの市民は，日常生活の改善には関心を持っても，外交交渉の見事な手際などにはまったく無関心であった。ホーネッカーは市民が無関心でいることを望まなかったし，そう見られることも望まなかった。ところで東ドイツは，戦後このかた，つねにソ連の政策決定に依存してきた。モスクワで決められた政策志向に無条件に従ってきたのである。しかし，ホーネッカーは，クレムリンからの新しい指令に対して，初めてはっきりと反抗することを決意した。それというのも，ゴルバチョフ書記長のペレストロイカ，つまりクレムリンから東欧諸国に与えられた政治的裁量余地の拡大を，ホーネッカーはレジームの自由化に対してではなく，逆に国内改革を阻止する手段として活用しようとしたのである。ホーネッカーは，西ドイツの政治家に対して，東ドイツの経済・社会制度はソ連ブロックのどの国の制度より先行しているので，改革の必要を何ら認めないと誇らしげに語った。

　ホーネッカーは統治形態の民主化を考えなかった。東ベルリンを訪ねる西ドイツ政治家も，無駄なことと知っていたので，ホーネッカーに東ドイツでのペレストロイカの行方を尋ねることをせず，むしろ東ドイツに姉妹都市を増やすことに力を注いだと言われる。ホーネッカーのこうした頑な態度は，読者に彼の政治家としての傲慢な印象を与えるかも知れない。しかし実際には，ザールのワイン貿易業者が取引拡大を要望したとき，これに気さくに応えたように，ソ連の指示に従わなくても東西交流が可能だと考えていたようである。むしろ，ゴルバチョフ書記長が西ドイツとの経済関係強化に取り組み始めたことに対して，ホーネッカーは，ソ連不信の念を募らせ始めた。戦後，何十年もの間，東ドイツには「ソ連から学ぶことは，勝利を学ぶことだ」というスローガンが浸透していたが，いまやホーネッカーにとっても，東ドイツ政府にとっても，ペレストロイカの進展に対して，ソ連はもはや自分たちの模範ではない[9]という判断をもつように

なった。

(2) ホーネッカー失脚

1988年12月，ゴルバチョフはニューヨークを訪問したが，その際，外交政策の手段として武器の暴力を行使することを最終的に断念すること，さらにいずれの国家も，資本主義と社会主義いずれかのシステムを自由に選択できることを言明した。当時，ハンガリーとポーランドは政治変革の真っ只中にあり，このゴルバチョフの言明は，ソ連がこれら両国共産党を有利化するように介入はしないことを意味していただけでなく，いまやブレジネフ・ドクトリンがその使命を終えたことを意味していた。

この言明を重視したアメリカ政府は，ソ連の真意を探るため，ゴルバチョフの政治的安定性，彼を補佐するクレムリン体制の実態，グラスノスチの成果などを慎重に考慮した。その一環として，ゴルバチョフの「新しい考え方」[10]がどこまで中欧諸国に徹底しているかを検討した。当時，西欧諸国，とくに西ドイツにおいて，ゴルバチョフがもっとも親近感をもたれている政治家の一人であること，自由で民主的な中東欧諸国の存在が，新しい東西関係の前提であることを確信したアメリカは，アメリカの外交ポジションが，分割された欧州の終焉にとって決定的であることを確認したのである。ソ連側も，欧州における民主的発展に関係する場合のみ，経済援助や軍縮をめぐってアメリカ側と交渉できること，自由で民主的な国家に対して侵略を試みる国はどこにもないことを，今やはっきりと知ったのである。1989年半ばになると，ソ連がワルシャワ条約機構諸国に約束した「選択の自由」を疑う国はどこにもなくなった。ポーランドとハンガリーは，共産党の独裁支配の終焉に向けて走るトップランナーの役割を演ず

---

9) ゴルバチョフは，ポーランド問題について「ポーランド問題がどのように進展するか，私は知らないが，たとえ，「連帯」によってポーランドの政治が運営されるようになったとしても，それはそれで進展していくだろう。ソ連は干渉というリスクをとるつもりはない。われわれは，まず自分の国，ソ連の行方に関心をもたなければならないのだ」と言ったが，こうした言明も，1985年11月の米ソ核軍備50％削減協定（90年代半ばまでに）の成立および1987年12月の通常兵器削減合意とともに，ホーネッカーの決心に影響したものと思われる。

10) ゴルバチョフの「ヨーロッパ共通の家」構想は，すでに西欧で統合が進展しつつあっただけに，大欧州統一への流れとして大きな魅力があった。

ることになった。

　ポーランドとハンガリー以外の東ブロック諸国は，民主化改革にそれほど熱心ではなかった。とくに東ドイツは，1989年秋まで，世界の政治情勢の変化を無視し続けてきた。ホーネッカー支配の政治レジームは，東ドイツを「政治的，経済的，イデオロギー的構造変化の大海原の中で，正統主義が生きているただ一つの国」というイメージを与えてきたのである。当時，東西ドイツ統一がやがて日程にのぼることを予想した人は何処にもいなかったし，ごく僅かのひとが，東ドイツの危機的状況を正確に把握しているに過ぎなかった。象徴的な一例をあげれば，保守系新聞"Die Welt"は，これまで東ドイツを"DDR"と引用符（" "）を用いて表現してきたが，1989年8月以降は，相対的意味を込めて使ってきた引用符を用いなくなった。それは，引き続きソ連型の模範の実現を目指す東ドイツの改革が，もはや西欧の政治的ファンタジーを搔き立てないと判断したからである。

　実際にも，東ドイツは厳しい危機のなかに晒されていたのである。改革を拒む硬直的な政治運営が，市民の不満を醸成し，かなりの数の政治家を辞任に追いやった。他方，SED（ドイツ社会主義統一党）の方針に逆らったり，批判的言辞を弄するものは，党の原則に違反し，社会主義国家の建設に疑義を抱いた理由で放逐された。加えて，ポーランドやハンガリーの政治改革の進展に関連して，ホーネッカーは，「存続の理由がなくならない限り，東ドイツの壁は，今後50年，いや百年も存続することになるだろう。あの壁は，わが国を盗人から守るために必要なのだ」と豪語した。政策反対者に対しては，法的強制または威圧によって鎮圧し，時として1989年6月の天安門における学生蜂起に触れ，血の弾圧を正当化した。同時に，1989年5月の統一地方選挙の結果を歪曲（これはここ何十年いつも行われてきたのである）し，党と市民とがいかに一体化しているか，選挙結果を偽造して宣伝したのである。権力による威圧の高まりに比例して市民の不満は鬱積し，まさに一触即発であった。

　東ドイツからの亡命は，1989年夏，少数の市民自らが外国旅行というリスクをとることで始まったが，ハンガリーとオーストリアの国境が開かれるに及んで，亡命の波はうねりとなって拡大した。東ドイツからの亡命

についてはすでに多くの記録があり，ここで詳述する必要はない[11]。ただ一つ，1989年10月9日，ライプチッヒでの平和革命の成功が，SEDレジーム，つまりホーネッカー支配の終焉を意味したことを記せば十分であろう。

(3) ボンの反応

ライプチッヒのデモは，最初数千人の規模であったが，その後10月半ばには数万に膨れ上がった。デモは実質的に東ドイツ主要都市に広がり，11月4日のベルリンでは百万人のデモに発展した。ホーネッカーが退陣し，クレンツが書記長に就任したとき，ボン政府は，これで東ドイツの改革も少しは進展するものと期待したようである。しかしクレンツに積極的な改革の意思がないことを見抜いたコールは，モスクワと連絡をとりながら，西ドイツが提供する東ドイツへの経済援助は，東ドイツ政府が本当に改革を実行する場合に限られると言明した。コールは，東ドイツ政府との対応にきわめて慎重な態度をとった。その第一の理由は，東ドイツに広がるデモの波が，駐留しているソ連軍隊に対して無分別な行動をとらないようにするためであり，第二の理由は，亡命者と避難民の増加に対してこれ以上に食糧の手当てをしなくてもよいためであり，第三の理由は，EU諸国との団結に不信のヒビがはいらないようにするためであった。とくに第三の理由は，ドイツ統一がヨーロッパ最強の経済国の出現を意味するだけに，コール首相はフランスのミッテラン大統領に，東西に分轄されない欧州においてのみ，分轄された東西ドイツを克服できると説明した。コール首相は，ドイツの統一で時間を使い，EUの経済・通貨同盟の進展が遅れることがあってはならないと，ミッテランを安心させたのである[12]。また，コールの不信を買ったドイツ社会主義統一党（SED）は，その後，党の改革を行い，モドロウ首相が体制内の民主化実現に努力しながら，ドイツ統一

---

11) 東西ドイツの統一に関連した政治的，経済的，文化的研究については，日本ドイツ学会の研究誌『ドイツ研究』各年と，G.グラス『ドイツ統一問題について』，1990年を参照。

12) 以前から準備段階にあったとはいえ，政治統合強化案がコール首相とミッテラン大統領との共同書簡の形で発表されたのも，ドイツ統一とEU強化のバランスを意味していたと考えられる。

問題に取り組むことになった。しかし，民主化の主導権を握った東ドイツの市民グループは，東ドイツ政府の進行のリズムよりはるかに早く，ついに11月9日晩，ベルリンの壁を打ち破り，西ベルリン，西ドイツへの通行を市民の手で確保したのである[13]。東西ドイツ統一問題は，こうして西ドイツのペースで進展することになった。

（4）　交渉のポーカー・ゲーム

ドイツの経済新聞『ハンデルス・ブラット』は，2000年9月28日号で，「ドイツ統一10周年」を記念して，統一をめぐるコールとゴルバチョフとの政治折衝の全貌を伝えている。興味深い内容を本書の読者とともに味わってみたい。

　1990年5月13日早朝，ケルン空港を飛び立ったドイツ空軍小型ジェット機には，ホルスト・テルチックの他に黒い背広を着た二人の紳士が同乗していた。パイロットが同乗者の名前を尋ねたとき，テルチックは名前を明かさず，当惑そうに肩をすくめただけだった。テルチックはコール首相の密使として飛び立つのであり，パイロットは出発直前に目的地がモスクワであることを知らされたのである。二人の同乗者は，ドイツ銀行代表取締役ヒルマー・コッパーとドレスナー銀行頭取ボルフガング・リョラーであり，テルチックとともに，コール首相から，ドイツ統一問題に絡む「かね」の相談にのるよう，依頼されたのである。

　ゴルバチョフ書記長は，コール首相に好意をもっていたし，ドイツ人が好きである。と言うのも，1989年6月，ボンを訪問し，多数の市民が小旗を振って歓迎してくれたとき，ソ連の国内改革のために必要であれば，喜んで資金援助をしたいとコール首相が申し出たときのことを忘れていないからである。そして，ドイツの産業力，福祉，清潔さ，秩序が彼を魅了したのであった。ゴルバチョフ書記長は，これだけの経済力を持つドイツこそ，かれが専心努力しているソ連の改革と近代化のためのパートナーと

---

13)　ベルリンの壁崩壊に伴う東ドイツ市民の大量脱出（Exodus）は，東ドイツの国家基盤そのものの崩壊を促進した。モドロウ内閣は存在していたが，統治能力は実質的に機能していなかった。

して最適と判断したのである。他方，コール首相にしてみれば，まだ冷戦が完全に終わったわけではない。しかも1989年12月以降，コール首相はモスクワからの招待を一日千秋の思いで待っていた。というのも，ドイツ統一への道をめぐるコール首相の10項目提案に対して，ゴルバチョフ書記長が極めて冷たい反応を示しただけでなく，コール首相を専制者と断じたからである。この提案作成の指導的人物こそ，コール首相の対外問題顧問テルチックであった。

　コール首相のモスクワ訪問について，ボンから再三の問い合わせにもかかわらず，モスクワからはなんの応答もなかった。コール首相にとって，いわば待ち惚けの状態だったのである。外相辞任後のことであるが，シュバルナゼがテルチックに語ったところによれば，モスクワからの返事が遅れたのは，当時ソ連政府がもう一度東ドイツに侵攻すべきかどうかを真剣に討議したためである。しかしモスクワは，ドイツの協力によるソ連経済の回復を選択した。こうして1990年1月，ソ連大使クビチンスキがテルチックを訪問した。ドイツ側から援助の内容を問われたとき，クビチンスキ大使は簡単明瞭に「肉を！」と答えた。そこでドイツは2億2000万マルク相当の生活必需品を調達し，ソ連側に手渡した。その後1990年末にも，再度調達し援助した。

　実は，1990年初ソ連の経済状態は絶望的であった。対外支払いのために巨額の借り入れが必要であった。シュバルナゼ外相は，信用供与の可能性を打診し，事はすべて内密に進めたいと要望した。コール首相はただちに反応を示した。そしてこの積極的反応が，凍りついたドイツ問題を打開する契機となった。1990年2月10日，コール首相がモスクワを訪問した際，ゴルバチョフ大統領はドイツに自決権を認めたのである。こうしてドイツ統一の扉が静かに開き始めた。こうなれば次は，ゴルバチョフ大統領が切望している経済的，資金的援助に対して，コール首相が具体的にどう応えるかが問題である。こうしてテルチックほか二人のバンカーのモスクワ訪問となった。テルチックは，モスクワでゴルバチョフ大統領，リュシュコフ首相，シュバルナゼ外相と会い，コール首相の意向を伝えなければならないことを知っていた。二人のバンカーが，経済援助の内容や資金供与の条件など，細部を詰めている間に，テルチックは，ソ連側と政治的問

題について話し合った。ゴルバチョフ大統領が，ドイツ・ソ連友好条約の締結に関するドイツ側の提案を受け入れたとき，テルチックは，この問題については両国首脳が親しく話し合うことが望ましく，ついては会談場所を，ゴルバチョフ大統領の故郷であるコーカサスにしてはどうか，と訊ねた。ゴルバチョフ大統領は，この質問に答えなかったが，ドイツ側の三人が部屋を後にしたとき，しばらく部屋に残っていたクビチンスキ大使が，その後でテルチックを呼び，ゴルバチョフ大統領がコーカサスでの会談を喜んで引き受けたことを伝えた。

　テルチックの本来の任務は，ドイツ政府の信用供与が，ソ連との双務的取り決めや関係国との多角的取り決めから成る，一括提案の一部に過ぎないことを，ゴルバチョフ大統領に明示することであった。ドイツ統一のためには，四戦勝国間での速やかな交渉，両ドイツ国首脳間での話し合い，さらには統一後のドイツのNATO加盟についてNATO諸国の承認が必要である。テルチックは，これらの問題がソ連側を神経質にさせることを十分に知っていたし，ドイツ側の援助提案が，ドイツ統一とNATO加盟のための交換取引という印象を与えないように願っていた。この予備会談後まもなく，ボン政府はソ連に優遇金利で50億マルクの信用を供与した。コール首相の強い要請に応えて，ドイツの諸銀行は高率の信用リスク（返済不能時には供与額の10％は自己負担）を負ったのである。

　テルチックは，帰国後まもなく，コーカサスでの会談の日取りが7月15，16日に決まったという報せを受け取った。彼は，会談がコーカサスで開催されることを，事態がうまく進む前兆と判断した。コール首相をわざわざコーカサスまで呼んで，ドイツのNATO加盟を拒否するような話をするはずがないと読んだのである。7月14日，コール首相，ゲンシャー外相，テルチックは大きな期待をもって，モスクワ向け機中の人となった。モスクワでの会談内容は，まさにドイツ側を唖然とさせるのに十分であった。ゴルバチョフ大統領が，ドイツ統一前後の交渉の段取りをすべて明らかにしただけでなく，その内容はまさにドイツ側が望んでいたものだったからである。統一と同時にドイツの主権が確立され，統一ドイツはNATOに加盟する。統一後3～4年で，過渡期間に関する協定に従い，東ドイツに駐留しているソ連軍隊および家族，軍事機器を引き上げる等々，

がその内容であった。両国首脳がその後コーカサスに移動したとき，会談の雰囲気がさらに盛り上がったことは言うまでもない。1990年7月16日，コール首相は，溢れんばかりの記者団に囲まれながら，ソ連テレビ中継による会談に臨み，統一ドイツに完全な主権行使が認められたことを報告した。

　東ドイツに駐留しているソ連軍ならびに軍事機材の本国送還費用に関する交渉で，ソ連共産党中央委員会は，ゴルバチョフ大統領がドイツ側と交渉してきた金額に納得せず，その増額を強く要請した。そこで大統領は，1990年9月になって，ドイツ側に増額改定を求めた。ドイツ側が60億マルクの支出を提示したところ，ソ連側は185億マルクを要請するといったように，ドイツとソ連との金額交渉は，まさに10億マルク刻みのポーカー・ゲームの様相を呈した。ゴルバチョフ大統領とコール首相との間で，激しい電話のやりとりが続き，やりとりの都度，金額が上昇していった。コール首相は事態がここまで進展している以上，ドイツ側の提案をソ連側が蹴り，ドイツ統一交渉が水に流されることはあるまいと予想し，80億マルクを提案した。これを聞いて，ゴルバチョフ大統領は烈火の如く怒り，その激しさはまさに隠された脅迫であった。コール首相の脳裏に最悪の事態が掠めた。交渉のポーカー・ゲームはさらに9月10日まで続けられた。コール首相は新たな提案として110億から120億マルクを示した。ゴルバチョフ大統領は満足せず，150億から160億マルクを要求した。コール首相は，交渉がすべて振り出しに戻ることを懼れ，ついにゴルバチョフ大統領に譲歩し，120億マルクに無利子の信用供与30億マルクを加えることで決着をみた。統一をめぐるドイツとソ連の間の交渉には，こうした生々しい金銭交渉も含まれていたのである[14]。

---

　14)　この特集記事からも，ドイツの統一がドイツとソ連の「仲のよさ」に根ざしていること，長年アメリカを含む西欧側によって封じられてきた「ドイツ・カード」をソ連が使うことによって可能になったことが分かる。

3　社会的市場経済の制度的整備

(1)　国家の論理と体制の論理

　東西ドイツが統一されたとき，ただちに東ドイツで社会的市場経済が機能し始めたわけではない。それどころか，東ドイツに社会的市場経済を移植することはきわめて難しいことであった。まず，その理由を明らかにしておこう。

　第二次大戦が終了し，ドイツが東西に分割されたとき，ホーネッカーもそうであるように，ドイツ共産党員のほとんどすべてが東ドイツに流れ込んだ。とくに注目すべきことは，それも共産党の幹部層が移動したことである。当時，ポーランド，チェコスロヴァキア，ハンガリー，ルーマニア，ブルガリアなどの東欧諸国も，ソ連の指導のもとで共産主義国家であった。しかし東ドイツがこれら諸国と基本的に異なるところがひとつある。それは，これら諸国では，共産党および共産党員がいなくても，それぞれの歴史，文化，伝統によって国家が成立可能であるのに対して，東ドイツでの国家成立基盤は共産党だけであることである。共産党が存在しなければ，東ドイツという国家は成立しない。別の言い方をすれば，東ドイツは国家の論理と体制の論理とが分離不能な国なのである。

　東ドイツが，ウルブリヒト政権以降，ソ連の衛星国のなかでもっとも忠実にマルクス・レーニン主義を唱えたのは，共産党の完全支配でない限り，国家が崩壊してしまう国であったからである。共産主義の体制が国家を作っていたわけで，国家が体制を作っていたのではない。その証拠をひとつあげてみよう。1987年，ゴルバチョフ大統領がソ連共産党中央委員会総会で「ペレストロイカと党の幹部政策について」という報告をしたのに対して，東ドイツ政府は，これにきわめて冷たい反応を示した。従来，ソ連の党書記長の報告は，東ドイツ党機関紙に全文掲載されてきた。それが今回，東ドイツ党機関紙が，報告全体の八分の一にも満たないタス通信の要約を掲載するだけにとどめたのは，ペレストロイカ運動がマルクス・レーニン主義を崩壊に導く劇薬と判断されたからである。東ドイツの国家の論

理と体制の論理を崩壊させる危険を持っていると判断されたからである。ましてや，東西ドイツが統一されたからといって，ただちに自由主義を基盤とする社会的市場経済を，共産主義体制に慣れた東ドイツ市民が理解するのは容易なことではなかったはずである。

(2) 困難な市場経済体制への改編

1990年7月，東西ドイツは通貨同盟の発足により事実上統一されたといえる。東マルクは消滅し，全ドイツ地域に，西ドイツのドイツ・マルク (DM) が流通することになった。その5年後の1995年10月，ブンデスバンクは，その月報に「統一後5年が経過し，新たに連邦の州となった地域を含め，経済の一体化はさらに進展している」と報告している。

立ち入って検討すれば，経済一体化という表現を用いることが難しい分野も多々あるが，東ドイツに社会的市場経済体制を促進する基本的動因となったのは，通貨同盟に先立つ5月18日，東西ドイツ両政府間で調印された「通貨・経済・社会保障同盟に関する条約」である。これによって，経済活動の血液ともいうべき通貨の統合が，政治的統一の前にまず実現することになった。具体的には，ブンデスバンクが統一ドイツ全体の金融政策について責任を負うことになったことである。

ブンデスバンクは，東ドイツでの慣行，つまり財政赤字を国家銀行からの追加信用で賄う慣行を停止し，ブンデスバンクから8億マルクの信用を直接供与することによって，東ドイツ地域で発生する危険のあったインフレを未然に防止した。次いで東ドイツの地方公共団体に対し，90年第二半期について100億マルク，91年について120億マルクという信用供与の上限を決定した。これらの措置は，東ドイツでの過大な信用膨張がインフレの火種となることを，未然に防止したものであり，同時に信用供与の上限を上回る資金が必要となったときには，西ドイツ資本市場での調達を強制したものである。しかし東西ドイツの金利格差を考慮すれば，東ドイツ経済にとって，西ドイツ資本市場での資金調達は至難であり，実質的には信用膨張の禁止に等しかった。つまりこの種の金融措置は，実質的な引き締め措置であり，マクロ的にみたインフレ抑制政策によって，経済的には大きな混乱もなく，政治的にも統一されたのである。

もうひとつの基本的動因は，1990年10月3日発効した東西ドイツ統一条約である。同条約によって東ドイツに社会的市場経済が導入され，「住民の生活および雇用条件の改善に資する」ことが明示された。経済の一体化は，東西ドイツの生活水準格差を埋めるという意味で，両地域の生活状態が同一化すれば十分というわけではない。むしろ東ドイツ地域全体にわたって，社会的市場経済の原理が支配するように，十分な制度的基盤の整備が不可欠であったのである。具体的には経済一体化のために，法制度，市場取引制度，支払い・決済制度，生産・流通システムのすべてが，競争秩序のなかで活動するように改編されなければならなかった。

　しかし東ドイツでは，戦後半世紀にわたり，すべての分野で国営企業が支配していたから，市場経済体制への改編は，まことに難事業であった。たとえば金融機構に関していえば，戦後東ドイツでは，社会主義的な銀行制度に向けた改革が行われ，最終的には，中央銀行である国家銀行によってすべてが運営されていた。国家銀行が個人預金も取り扱い，住宅建設，事業所，コンビナートなどに対する融資も，一括して行っていた。つまり，国家銀行が，中央銀行機能と市中銀行機能を併せ持つ一段階銀行制度であった。また，産業構造に関していえば，すべての企業（農業，工業，サービス業）が，計画経済にしたがって設立された国営企業であった。ソ連（当時）のコンビナートに類似して，大規模国営企業は労働力，生産設備，原材料施設はもちろん，病院，レクリエーション施設，保育所，購買部などの福利厚生施設を備えた生産基地であった。中央政府の指令と計画のもとで生産が行われ，製品が配分されるという意味で，各生産・流通単位での自律性は極度に制約されていた。実質的に市場はなく，東ドイツ分業体制は不完全であった。

　東西ドイツの統一は，法制度整備にとっての必要条件であり，法制度整備は自由社会にとっての必要条件である。しかし実際には，法制度の整備はそれほど容易ではなかった。長期間にわたって，東ドイツ経済を中央の計画によって管理してきた法制度が，東ドイツに独特な独占問題を生み出し，資源を生産的に投入する魅力を完全に消滅させてしまったからである。作業の効率と業績に見合った所得を稼得できるような賃金制度はなく，労働者は，自分の創意や努力に見合った報酬が貰えるわけではなかった。こ

れは一種の国家独占による搾取であり，競争精神の倒錯が支配する労働社会であった。業績原理，労働のモラル，効率，労働の自由などが，片隅に追いやられてしまった社会であった。したがって，東ドイツ経済を市場経済の法制度のなかに取り込むためには，まず契約の自由と個人の財産保有が保証され，競争を通じてそれぞれの経済計画が調整される，分権的社会が成立しなければならないのである。これらの条件こそ，東ドイツ経済の生産性を急速に上昇させる必要条件である。東ドイツが経済成長と制度的遅れを取り戻すためには，契約の自由，私有財産の保証，社会的市場経済の原理の浸透が急務であった。

第3章

社会的市場経済の変容

東ドイツの生産性上昇（雇用時間当たり生産量で測定）は，統一直後の1991年には西ドイツの18％に過ぎなかったが，5年後の1995年には60％に達した。これは東西ドイツ統一の成果といってよいが，他方，東西ドイツ両地域に無視できぬ失業増大を誘発することになった。1990年統一後のドイツ経済の運営については，別の箇所で詳細に検討するが，すでに70年代西ドイツで経験した生産性上昇と雇用の逆行現象の悩みが，統一後数年，早くもドイツ経済全体に出現したことは，ドイツ経済政策の難しい舵取りを示唆するものであった[1]。東西ドイツの統一は，実質的には西ドイツによる東ドイツの併合であるが，90年代ドイツの経済と社会に大きな重荷と負担を残したことは間違いない。そして注目すべきことは，この重荷と負担を解決する過程で，社会的市場経済が変容したことである[2]。そこで以下では，第一に1990年5月の「通貨・経済・社会保障同盟に関する条約」にしたがって，90年代の経済同盟，通貨同盟，社会同盟の発展内容を順次検討し，第二に福祉国家の限界について考察することにした

---

[1] 1990年11月，パリで開催された全欧安保協力会議（CSCE）の席上，コール首相は，鉄のカーテンなき後に目立つ豊かさの東西格差を「豊かさの壁」（Wohlstandsgrenze）と呼んだ。この壁の克服を何よりも痛感していたのは，他ならぬコール首相自身であったことであろう。

[2] ドイツ統一は，ひとつの国家が不自然な形で分轄されていた状態が終了したという意味で，政治的には大きな歴史的転回点といえる。しかし経済的に見ると，統一は，経済学に貴重な研究機会を与えた。自由主義と社会主義という対立する考え方で運営されてきた二つの地域が統合されたとき，どのように発展するかについて，スケールの大きい考察の場が提供されたからである。

い。

1 経 済 同 盟

(1) 信託公社の役割

資本主義経済にあっては，経済活動に投入される生産手段のほとんどすべてが個人保有である。それに対して，戦後約半世紀，東ドイツの専制的政策担当者は，没収ないし収用政策など，あらゆる政策を使って生産手段を国有化してきた。ところが東ドイツでは，生産手段の活用の実際だけでなく，活用をめぐる経済分析の結果もきわめて不良であった。国営企業は一般にコストが高いし，質への配慮を欠くだけでなく，革新への意欲をもたなかったからである。個人財産保有を保証すると，企業家が生まれ，企業家固有の責任と自発性——端的にいえば行動の自由——が刺激され，動学的発展を促進することになる。

このことは，主として個人資産保有者が主導する企業が，国有企業よりはるかに競争力があったことからも明らかである。したがって，東西ドイツ統一後の最重要課題は，1945年以降，東ドイツおよび旧ソ連占領地域で実施された収用政策を解消し，速やかに個人資産の保有を認めることであった。計画経済から自由経済への転換である。

転換にあたって，東ドイツ国営企業が整理の対象となった。東ドイツに社会主義時代の名残があっては，東西ドイツの経済的一体化に必要な，企業家精神に燃えた行動能力が失われてしまう。そこで競争力のないものは閉鎖，存続できそうなものは民営化・売却という荒療治が行われたのである。統一直後の状況を考慮すれば，民営化や経済建て直し問題を市場の諸力ではなく，信託公社（Treuhandanstalt）の専門家に任せたのはやむを得なかったかもしれない。しかし政府が，新たに生まれ変わる東ドイツ経済のあるべき姿について具体的構想をもっていなかったこともあって，信託公社を通ずる産業建て直し策は，遅々として進まなかった。その結果，経済の基盤整備が遅れ，民間企業の経済推進力も発揮できず，雇用も増加しなかった。統一直後の東ドイツの市民は，共産主義者や社会主義者たち

が，自らの経済的不成功のために多くの信奉者を失ったことを知ったが，さりとて個人財産所有や民営化の推進が，多くの友人をえるものかどうかについてまだ疑問をもっていた。ただし彼らは，西ドイツおよび諸外国の民間企業が，国際競争力のある労働機会を長期的に確保してきたことについては，よく知っていたのである。

民営化と構造改革という何度も議論された活動分野で，信託公社によって取り決められた投資額は2,110億マルク，それによって150万人の雇用者増が想定されていた。当初，信託公社の対象企業で，410万人の雇用者増が想定されたから，これが実現すれば，国民経済的にみても大きな成果といえたが，実際は当初からかなり不確実であった。その理由は，国有企業の将来性について比較する尺度をもたなかったため，信託公社は対象企業からの成果を評価，確認できなかったからである。たとえば，巨額の売上放棄の形態での費用があったし，企業への支出が，果たして企業の建て直しにとって妥当かどうかの算定も困難であった。こうして1994年末の信託公社による失敗[3]の金額は，総計2,560億マルクに達した。これは人口1人当たり3,150マルク，雇用者1人当たり7,100マルクに相当する。

東ドイツ再建は，統一ドイツにとって大きな重荷であった。1994年まで総計1,150億マルクに達するドイツ統一基金（200億マルクは連邦政府拠出，950億マルクは起債調達）が，東ドイツ政府の財政赤字の補給や，州，地方自治体の財源に充てられたのをはじめ，連邦，州，市町村を通ずる財政支出が，東ドイツ再建のために急膨張することになった。すなわち政府部門全体の赤字額（連邦政府，地方政府・社会保障基金の赤字額総計）は，1990年300億マルクであったものが，91年には1,050億マルク，92年には1,200億マルクに達したのである。これは91年以降，西ドイツの名目GNPのそれぞれ約6％に相当する巨額である。これに東ドイツ国有企業の民営化を促進する信託公社の赤字額が加わった。90年5月，西ド

---

3) 信託公社による民営化が十分な成果をあげなかったことから，信託公社の作業を過小評価するのは正当ではない。信託公社は，非効率企業をできれば倒産に追い込み，余剰労働力と生産機材を有効に再配置することを意図していたからである。東ドイツの国有企業にとって資本主義の経済性計算は冷厳であり，企業の再生はまさに「麻酔なき手術」に耐えなければならなかった。

イツ大蔵大臣が主宰する財政企画委員会は，91年度以降，公共部門の支出の伸びを名目GNPの伸び以下に抑えるよう勧告し，中期的にはその比率を80年代と同じく3％台に戻す必要があることを示していた。しかし，このことはいま見たように，統一をめぐって財政支出が急膨張（名目GDPの6％）することを見込んでいなかったことを意味している。

(2) 連帯協定

換言すれば，西ドイツ連邦政府は，東ドイツ再建を比較的楽観視していたことを窺わせる。東ドイツの再建が容易ならざる課題であることを示したのが，1993年3月発表された「連帯協定」である。これは，中長期的にみて財政支出の増大が不可避であり，その財源を連邦，州，市町村がどのように負担するか，どのような税項目で増税するかを明らかにしたものである。連帯という表現のなかに，みんなで連帯してやらなければ，苦境に喘ぐドイツ経済を立て直すことができないという切実な訴えを読み取ることができる。

　その内容に入るまえに，連帯の必要性を西ドイツ国民に強く訴えたシュミット元首相の忠言を記すことにしよう。「われわれの最大の失敗は，昨年10月3日，統一成就の熱狂と限りない歓喜の瞬間において，連帯のアピールを断念し，租税を支払う国民に対して今後必要となる犠牲を要求しないままにしてしまったことだ。」バードゴーデスベルグでの講演で，シュミットは，連帯の意識の欠如が西ドイツ国民に傲慢な気持ちを植えつけてしまったことを憂えて忠言している。

　そのなかで彼は，東ドイツが崩壊した原因のすべてを共産主義の一党独裁に帰す西ドイツ国民の傲慢な態度を危険視して言う。「88年まで約900万の東ドイツ人が仕事を持ち生活してきたこと，92年において500万人が旧東ドイツにいたことを考慮すれば，この間の雇用数の減少はホーネッカーとその指導者たちだけの責任ではなく，むしろ90年7月以降のボン政府の失敗に帰すべきところが大きい。」さらにシュミットは，変わるべきは東の連中だけという傲慢な態度に警告を発している。「東も西も変わって初めて，そして双方からの歩み寄りがあって初めて，89年秋のライプチヒでの民衆デモが叫んだように，心から一つの民族になるだろう。」

シュミットの忠言[4]から言えることは，ドイツに勝者と敗者が併存し，その間に連帯の気持ちがないことの危険性である。

連帯協定は以下の10項目である。(1) 連邦・州間の財政調整制度を新たに設け，95年から558億マルクを東ドイツに移転する，(2) 環境問題の解決ならびに産業基盤の更新のためにいっそうの努力が必要であり，信託公社への信用枠を拡大する，(3) 東ドイツ製品の販売促進の見地から，相応の諸機械の設置ならびにそのための必要資金量を検討する，(4) 鉄道の改革必要性については基本的に意見が一致している，(5) 東ドイツの住宅建設を促進するためには，東ドイツ政府が残した住宅建設債務の解消が必要であり，そのために310億マルクを拠出する。また債務支払いに関連する利子補給として，連邦と州それぞれが半額負担し，94年に47億マルク，95年に23.5億マルクを拠出する。住宅企業が所有者として土地台帳に登記できない期間については，経過保障が与えられる。復興金融公庫（連邦）の住宅建設計画のため300億マルクを上乗せし600億マルクとする。上乗せ分は，パネル住宅建設に対する3％の利子補給として100億マルク，2％の利子補給として残りの200億マルクを投入する。個人住宅投資に関しては，最初の5年間で50％の特別償却が認められているが，これをさらに2年延長する，(6) 連邦政府は雇用促進のため，93年に200億マルクを追加支出する，(7) 社会福祉費の削減は行わない，(8) 支出の削減や補助金カットによって90億マルク以上の財源を調達する，(9) 95年度から個人・法人の所得税に7.5％の連帯付加税を賦課する，(10) 東ドイツの復興資金として，93年に連邦と旧西ドイツ諸州はそれぞれ半分を負担し，37億マルクをドイツ統一基金に追加拠出する。94年についても，連邦と西ドイツ諸州との間で審議する。

連帯協定は，連邦政府，州政府，与・野党の討議の産物である。経済停滞が続くなかで，増税の分担を決めることは容易ではなかった。しかしこれで西ドイツ国民は東ドイツ再建が難題であることを改めて痛感し，さきに示したシュミットの忠言の重要性をよく理解したといってよい。

---

4) ワイツゼッカー大統領も，東ドイツの市民と西ドイツの市民との間の心の隔たりを克服しなければ，真の統一は来ないと訴え，「頭のなかの壁」(Mauer im Kopf) を打ち破るよう忠告した。

2 通貨同盟

1990年7月1日，通貨統一が発効したことによって，それまで東ドイツで流通してきた「東マルク」は消滅した。それは東ドイツ国家銀行（中央銀行）による為替管理の終焉を意味する。統一されたドイツ全土は，完全な通貨交換性をもつドイツ・マルク経済となった。通貨同盟に関するブンデスバンクの周到な準備と慎重な推進によって，統一に伴う一連の複雑な銀行業務および財務諸表作成業務が見事にやり遂げられただけでなく，国際金融市場で冠たる地位を占めてきたマルクの地位と名声は，まったく不動であった。東ドイツ市民の多くは，その後この安定したマルクで金融資産形成ができるようになったという意味で，きわめて大きな便益を享受したことになる。いまや東ドイツ企業も，マルクという信頼される通貨を基礎に，新規の取引関係を国内的にも国際的にも組織，拡大することができるようになった。契約が自由になったことにより，購買，旅行，労働，投資など各種の経済活動を通じて，世界に開かれた生産，取引，価格，決済の共同体が出来あがった。東ドイツでは，共産党員であるとか，小売商に特別のコネがあるといった特権の価値は，マルクの導入により一夜にして消滅してしまった。ドイツ国内での価格調整は，賃金の分野で急速にひろがった。

それに対して，取引および生産の分野では，マルクが導入されても，その調整は全ドイツを一つの共同体とするほど急速には進展しなかった。これは，ドイツ社会主義統一党（Sozialistische Einheitspartei Deutschland；SED）の崩壊と，状況の変化に応じて生産や取引を変化させることが難しかったことによる。ただ，その硬直性の原因が，多分にホーム・メイドであることに注意したい。というのは，通貨の切り替えとその結果の運び具合を見ると，重要なところで，経済的理性と政治的理性とが一致していないことが明らかだからである。とくに政治的統一の考え方の背景には，満足できる社会同盟が実現することに関心があるからである。

東ドイツでは，東西のマルクの交換比率に関して1対1が主張されたが，

周知のようにブンデスバンクは，問題含みとはいえ2対1であれば採用可能と解答したのであった。統一によって新たに組み入れられた諸州は低賃金地域であるが，これら諸州は，できるだけ多くの伝統的企業と雇用機会が救われることを願っていたのである。こうした考え方が政治的に貫徹されるはずがない。それは市場の実態とかけ離れた賃金調整の動きであるばかりでなく，企業の生産性や競争状態を考慮せずに，もっぱら労働法や社会法に基づくため，多分にコストの上昇をもたらすものだからである。投資と雇用を促進する生産および取引共同体を創設する課題に関しては，原理的に通貨同盟と結びつく統合の利益がみすみす失われてしまったといえる。費用が売上げを上回ったため，契約の自由と個人財産の所有がせっかく保証されたとはいえ，それは紙の上のことにすぎなかった。すぐ後で検討する社会同盟と，いままで見てきた通貨同盟との間に重大な目標の衝突が横たわっていたために，東ドイツ地域に対する振替支払いなど，財政に極度の重荷が加わることになったのである。

3　社会同盟

社会同盟の目的は，経済同盟と通貨同盟とともに，東西ドイツの統一を完成することである。しかし社会同盟が，西ドイツの労働法秩序と包括的な社会保障制度の導入に関連していたため，それが東西ドイツの一体化を容易にした反面，一体化を困難にしたことにも注意する必要がある。たとえば，西ドイツの社会保障システムによって，東ドイツの失業者や老齢のため就業不能となった人々は，持続的に援助を受けることになった。1990年以前，最高660東ドイツ・マルクであった東ドイツの平均稼得者の年金給付額を今後1,500DM以上に引き上げたことも，連帯社会の視点に立てば正当な措置である。東ドイツの惨めな，ときとしてひとがとても住めないほど酷い老人ホームを急いで壊し，新たに社会施設を充実したことも，社会同盟の成果に数えられよう。さらに戦傷者や遺族のために，まず約30万人分の住居施設が整備されたことも，社会同盟の統一業績報告に書きとどめられるべきであろう。

他方，社会同盟の発足は，西ドイツの社会政策および労働法秩序を東ドイツへ転用することを意味している。社会的と考えられた政策措置が，新たに編入された諸州では不本意にも反社会的な結果を生むこともあった。その原因は，社会的基本権をめぐる考え方と社会的基本権を具体化するための諸制度が，東西ドイツ間で大きく異なっていたからである。たとえば，西ドイツにおける社会保障の目的は，個々人が自らの責任において自らの人生を決定する自由を社会的に保障するためである。こうしてはじめて人間の基本的な欲求と尊厳が安全に維持される。これが社会的基本権である。

　この社会的基本権を具体化する制度が，年金保険，医療保険，失業保険，労災保険，介護保険である。東西ドイツとも，これら各種保険制度を持っていたが，その内容は当然のことながら，基本法（憲法），商法，契約法，財産法の考え方を反映するため，社会的法治国家としての西ドイツの保険制度と東ドイツのそれとの間には大きな違いがあった。こうして社会同盟は，政治的統一後のドイツにおいて，法制の統一と解釈をめぐってしばしば問題を惹き起こしたのであった。たとえば，基本的人権はつねに法の統一的履行を要求する。とくに社会保障システムに関連する場合，その統一的履行が強く要求されるのである。ところが忠実に履行するかどうかは，雇用関係と密接に関連している。東ドイツでは，生産コストを引下げるために，雇用環境を悪化させるケースが，一夜にして生まれたという。国際競争に勝つため，労働条件を悪化させる試みは，西ドイツでもここ20年間次第に顕著になってきたところである。

　統一後の東ドイツは，それまでの計画経済から市場経済に移行することになったが，生産の大幅な低下と失業の増加に見舞われ，大きな経済的困難に直面した。統一に際して東ドイツ・マルクを西ドイツ・マルクと1.8対1で交換したのは，統一の実態が西ドイツによる東ドイツの合併であっても，対等の立場でドイツを統一するという政治的配慮からであった。しかし経済的に見れば，いま一例を示したように，実勢から大きくかけ離れた交換比率では，東ドイツ製品に競争力があるはずがなかった。加えて東ドイツでは，生産性が西ドイツの3分の1とはるかに低いにもかかわらず，労働者の賃金が急速に西ドイツの賃金水準に向けて上昇したため，コストが急上昇したのである。

第3章 社会的市場経済の変容

　経済同盟，通貨同盟，社会同盟は，東西ドイツ統一をできるだけ早期に完成させるために東西ドイツ政府が結んだ条約であった。統一によるドイツのヨーロッパにおける地位の増大という政治的評価を別にすれば，これまで見てきたように，現時点でその経済的成果，とくに東ドイツの経済的充実を評価すると，成功であったとは必ずしもいえない。

　第一に，失業者数と実質的失業者である操短労働者数の合計は，1991年4月には東ドイツ労働人口の35％に相当する286万人に達した。1年後には約120万人減少したとはいえ，統一後2年間の雇用状況はほとんど改善されなかったといえるからである。

　第二に，統一後数年を経ても，東ドイツ地域の名目付加価値の約40％相当額が財政トランスファーによる資金援助を受けていたのであり，実質的に自立できなかったからである。

　第三に，東西ドイツの統一が，その後のドイツの財政赤字に拍車をかけることになったことである。これは統一の経済的重荷がいかに大きかったか，その政策運営がいかに難しかったかを物語っており，あまりにも厳しい評価を下すべきではないかも知れない。

　東西ドイツ統一以前の80年代における政策転換を1948年のそれと比較するとき，国際的環境からもその達成は80年代になってずっと難しくなったといえる。80年代の財政赤字は，政府の行動を制約するほどの重荷となっていたからである。それに対し，戦争直後の財政赤字は，通貨改革によって国内的に解消できた。通貨改革以降，市民の大部分は政府に要望するにしてもごく限られた範囲でしか要望しなくなった。なぜなら，市民はこれ以上悪くなることはないと思っていたし，社会的市場経済の原理に則った経済政策の諸措置も容易に受け入れられたのである。改善への期待も大きかったといってよい。東西ドイツの統一とともに，事態は完全に一変した。統一はまさに偉大な政治的成果であった。それだけに，統一との関連で重要な経済政策の諸措置が，政治的決定に任されることもやむを得なかった。社会的市場経済の原理の導入についていえば，東ドイツの状況について必要な情報が欠如していたし，東ドイツを変化させるためにとられるべき決定についての知識も不足していた。とくに，西ドイツの社会政策のシステムをそのまま東ドイツに移入したことと，誤った賃金政策を東

ドイツに導入したことは，最大の失策であった。

　統一直後，東ドイツの賃金政策を西ドイツの協約自治（Tarifautonomie）にしたがって労使双方に任せることは，できなかったのである。もし任せたとすれば，失業者に対しては，気前よく保護するという期待を持たせ，使用者には，資本所有者の利益に無頓着なものが配置されることになるであろう。そのうえで西ドイツに相応する賃金水準が決められれば，低い生産性水準のもとで，東ドイツ企業の大部分はその競争力を失ってしまったことであろう。また，別の箇所で指摘したように，信託公社（Treuhandanstalt）を通ずる民営化手続きには，多くの問題点が含まれていた。幾多の混乱と政策上の試行錯誤を繰り返しながら，統一後すでに10年余が経過した[5]。長期的な秩序政策が考慮され始めたのは1999年以降である。東ドイツ地域を検討する限り，市場経済システムへ着実に近づいているという保証は，20世紀末でもそれほど明確ではなかった。

4　福祉国家の限界

ドイツの社会的市場経済が変容を迫られるに至った要因は二つある。その一つは，これまで検討してきた東西ドイツの統一にともなう大規模な経済調整であり，もう一つは，コスト高と労働市場の変化がもたらした福祉国家の限界である。

---

[5]　2000年6月30日，ベルリンの連邦議会で，東西ドイツ統一に伴う「経済，通貨，社会同盟」10周年記念行事が催された。10年間の統一事業の成果を回顧すると同時に，統一に尽力したコール前首相の功績が称えられた。有力議員による意見発表のなかで，2004年度に期限切れとなる東ドイツ地域に対する援助措置（Solidarpakt）を続行する要請があったほか，当時財務相であったワイゲル議員が，「経済，通貨，社会同盟」の締結こそ統一への道の里程標であったこと，統一を段階的または暫定的に解決していく余裕がなかったこと，さらに，続々と流入する東ドイツからの亡命者を阻止するような法律施行は道徳的にもできなかったこと，統一の時期が遅れれば，さらに巨額のコストがかかったと推測されること，「同盟」と同時に東ドイツにドイツ・マルクを導入しなければ，根本的な構造改革も進まず，さらに激しい景気後退と高失業に悩まされたことなどを回顧的に述べた。また前経済相レクスロートが，東ドイツ市民の援助慣れを警告したのも印象的である。

（1） コスト高と失業の増大

　1990年10月，東西ドイツ統一後の経済政策の課題は，当然のことながら社会的市場経済体制を，できるだけ早く東ドイツ地域に確立することであった。しかし前節で明らかにしたように，マルクはただちに全ドイツに流通したものの，両ドイツの経済，社会体制の差異と経済格差はあまりにも大きく，社会的市場経済の原理が浸透するどころか，統一後しばらく，二つの秩序の相互依存という新たな課題に直面した。計画経済体制を市場経済化するためには，増税，補助金など財政を通ずる大規模な市場介入が不可避であり，他の先進国と同様，大幅な財政赤字を生み出すことになってしまった。ドイツ統一に伴う景気拡大と財政支出の増大を背景に，インフレ率は年3～4％に高騰し，1993年の通貨供給量は，対前年10～12月期比で年率8～10％も急増した。このため金融引締めが強化され，92年7月には公定歩合が，戦後最高の8.75％まで引き上げられたのである。

　統一ブームが消え去ったあと，ドイツ経済は停滞から不況への道を歩み始めた。通貨供給量の増加は，東ドイツ向け投資に対する助成措置や，短期金利が長期金利よりたかくなる逆転現象などの特殊要因によってもたらされたとはいえ，インフレ圧力は依然として根強かった。とくに93年初頭からの付加価値税引き上げによる物価上昇，国債発行の増加がもたらした長期金利の高騰など，財政面からの影響もあり，本格的な金融緩和に踏み切れない状況が続いたのである。92～93年の経済停滞は，金融引締めだけが原因ではない。これまで東西ドイツ間の経済力格差をできるだけ短期間に縮小するよう，官民あげて努力してきたが，その成果が期待はずれであっただけでなく，コスト高に喘ぐ西ドイツ製造業の生産が，全体として前年比9％も落ち込むほど活力が低下してしまったことが，停滞の背景にある[6]。これではブンデスバンクが利下げをしても，国内投資は刺激されない。ドイツ経済は，根本的な構造改革なしには立ち直りが難しい状況に追いこまれてしまったのである。

　93年のマイナス成長が，全産業の雇用状況をさらに悪化させた。競争

　6）　第一次石油危機直後にもドイツ経済は停滞し，生産は7％も落ち込んだ。しかし景気が回復した76年には，生産はいっきょに8％も伸びた。ところが93年以降の経済停滞は，高賃金にマルク高が加わり，製造業のコストが上昇したことが最大の要因である。

力回復を目指す企業の合理化とリストラの動きは，たとえばダイムラー社の雇用6.9％カットのように，人員削減につながった。これに対して，フォルクスワーゲン社は94年1月より週4日労働制（週36時間から28.8時間に短縮）を導入した。この時短措置は，人員削減を伴わない合理化措置として注目されたが，実は問題含みであった。労働時間は20％短縮されたが，賃金は約10％カットされたに過ぎず，したがって労働コストの上昇を招いたからである。これでは生産の合理化で埋めない限り，生産コストの上昇，生産性の低下は必至であった。時短は，雇用維持には有用であっても，競争力の回復とはならず，雇用の創出にはつながらないのである。しかし同社も，92～93年にかけて従業員を1万3000人削減しており，労組は今後予想される大量解雇より，賃金がカットされても，ワークシェアリングによる雇用維持を優先したのであった。

週4日労働について，レクスロート経済相は，労働時間の弾力化に有効と評価したが，これを実現したのがBMW社である。同社は同じく週4日労働制によるワークシェアリングを採用したが，1日当たりの労働時間を延長することによって，就業日の選択をより弾力化し，同時にライン稼動の効率化，生産の合理化を推進した。時短と並んでパートタイム制度を導入する企業が増加した。これも，より多くの労働者に職を与えるというワークシェアリング的考え方が基本にある。ドイツのパートタイマーはあくまで正社員であるが，労働時間の短縮から，賃金カットは避けられない。また，合理化対策として若年労働者の雇用増を図る高齢者早期退職制度も広がり始めた。早期退職制度は，年金財政を圧迫するという副次効果がある。しかし厳しい雇用情勢の改善こそ緊急課題であり，連邦政府は94年6月パートタイマー利用促進を行い，その普及に努めた。賃金カット，社会福祉の切り下げを含む労働環境の見直しが，さまざまな試行錯誤を経ながら，東西ドイツ全体に広がったのである。

(2) 労働協約の弾力化と差別化

90年代は，ドイツがかつて味わったこともない激しい政治的，社会経済的変動を経験した10年である。政治的経験はいうまでもなく1990年の東西ドイツ統一であり，社会経済的経験は，経済のグローバル化による国際

競争の激化である。90年代，これら二つの変動が重なり合い，また増幅されて，ドイツの社会経済に大きな影響を与えた。そのインパクトはまことに厳しく，経済運営の基本原理である社会的市場経済の原理に対して，その実質的変更を迫るものであった。労働協約の改革による労働環境の見直しはそのひとつであり，まさにドイツ社会経済の苦悩を表している。

ドイツの賃金交渉が地域別，産業別に行われることは，よく知られている。ある産業（たとえば金属）の労組代表と使用者代表とが一堂に会し，その地域の金属関連企業に共通する賃金を決める。この賃金は最低賃金であり，どの企業も，労働協約法に従って，これを遵守しなければならない。もちろん，優れた業績を残した企業にあっては，企業内の事業所協議会での交渉によって，最低賃金を上回る賃金を獲得することができる。こうした賃金交渉とその確定は，1949年制定された労働協約法に準拠した労働協約によっているのであるが，同法は，ワイマール期の労働協約令よりも，協約自治（Tarifautonomie）を尊重しているといってよい。とくにドイツの伝統である分権制を反映して，地域レベル（州に相当する）において締結された地域協約が重視される。協約当事者は，州単位の労働組合の地方本部とこれに対応する使用者団体である。労働協約の種類は，賃金・俸給に関する協約とそれ以外の労働条件に関する協約に大別される。

このように協約自治は，労働条件の交渉と労働協約による確定であるが，その責任を協約当事者が負っているという意味で，自治なのである。ドイツにおいて協約自治がもつ社会経済的意味が大きくかつ深かったのは，労働協約がこれまでの労働法規と同じような機能（拘束力）を持ってきたからである。たとえば労働時間の延長に関する労働法規について言えば，もともと労働協約が10時間までの延長を許容していた事実と無関係ではない。別言すれば，労働条件の決定に関する協約当事者の経験と判断が尊重され，労働協約の内容を労働法規の制定によって追認するというケースも多かったからである。しかし協約自治の主体である協約当事者の一方（具体的には労働組合）が弱体化すると，協約自治は大きく変質せざるをえない。その徴候は，現象面としては1973年のオイルショック後，成長率が大幅に低下するに及んで，労働組合の協約政策がそれまでの賃金重視から職場維持・雇用確保中心に展開されるようになったこと，80年代になっ

て，ワークシェアリングと雇用重視から労働時間短縮が強調され，84年には金属産業および印刷産業において，週40時間を割り込むことになったこと，そして90年代になると，これまで見てきたように，協約政策がつぎつぎと見直されていることで確認できる。しかし協約自治の屋台骨を揺るがしているのは，標準的労働協約制度それ自体が動揺してきたところにある。

　経済停滞を反映して，94年の賃金交渉では，賃金据え置き，各種手当ての撤廃，労働時間の柔軟化を主張する使用者側に対して，労働側は，雇用確保を最優先課題として，結局賃上げ率は，インフレ率を下回る平均2％で妥結した。ところが95年の賃金交渉では，ドイツ最大の単産である金属産業労組（IGメタル）が，11年ぶりに本格的ストに突入したこともあり，当初予想の3％台前半を上回る4％の賃上げとなった。さらに労組側は，95年10月より，週35時間労働の実施も勝ちとった。週当たり1時間の労働短縮は，それだけで2.8％のコスト増に相当した。これは実質賃金の上昇であり，当然雇用を圧迫することになった。

　雇用状況の悪化は必至であり，これを憂えた金属産業労組は，95年11月基本路線の転換を意味する運動方針を発表した。これが「雇用のための同盟」（Bündnis für Arbeit）で，主な内容は，翌97年の労使交渉では，賃上げ率をインフレ率の範囲内に抑制する，その見返りとして解雇処分なし，今後3年間に延べ33万人の新規採用と，毎年5％ずつ職業訓練生を増加させるなど，社会保障の削減を伴わない雇用拡大を確約するというものであった。95年末の失業者数が379万人（失業率：9.9％）に増加し，96年初めには400万人を超すものと予想されたことが，こうした雇用確保要求の背景である。以上のように，90年代の労使交渉において，労働時間の短縮が進んだが，注目すべきことは，地域別・産業別にみた労働時間が労働協約という全般的規制によってではなく，事業所協定の当事者によって，企業別に差別化（Differenzierung）されていったことである。これは，労働協約の分権化（Dezentralisierung）であり，弾力化（Flexibilisierung）といってよい。労働協約の実態が枠組みの規制だけになった状態は，まさに制度的大変革[7]といえるのである。

（3） 雇用と成長のためのプログラム

1996年4月，政労使のトップ協議によって，「雇用と成長のためのプログラム」が提案された。この目的は，財政再建と雇用回復を達成するため，主として社会福祉を削減して企業負担を軽減することである。ドイツの社会保障は，もともと当事者自治が原則であるから，労組は当然この提案に強く反発した。しかし反発だけで高い失業率の悩みが消えるわけではない。社会自治は社会的市場経済の基盤であるが，これによる高賃金，高社会保障が，ドイツ経済にコスト高と高失業を生み出してしまったのである。90年代のドイツは，統一という大事業に立ち向かうと同時に，21世紀にも通用する，新しい社会的市場経済モデルの確立という難事業も処理しなければならなかった。この新しいモデルの確立がドイツにとって試練であるのは，財政介入の増大という現実と社会自治という理想との衝突が，ますます激しくなってしまったからである。この衝突は，マクロ（政府）とミクロ（企業と家計）の衝突といってもよい。ミクロの基盤は社会自治であり，マクロの基盤は社会的市場経済である。本来，社会的自治の原則は，労使関係に政府が介入しないという社会的市場経済の原理と調和的であるはずである。それがミクロとマクロで衝突するようになったのは，ドイツのコーポレート・ガバナンス[8]が，時代と市場環境の変化に十分対応して変化しなかったためである。

　もともとドイツのコーポレート・ガバナンスは従業員と経営者の連合によるインサイダー・コントロールの性格が強く，これが労使間の平和的関係を実現するのに役立ってきた。しかしインサイダー・コントロールには，外部のモニタリング・メカニズムが有効に働く余地を狭めるという欠点が

---

[7] 横断的協約賃金が地域別，産別に決定されてきた伝統を破り，企業が賃金を差別的，弾力的に決定できるようになったことは，確かに大変革である。しかしこの大変革が真に大変革となるかどうかは，これによって競争がかつてのように刺激されるかどうかに係っている。N. ベルトホールトは，スイスの有力新聞ノイエ・チュリヒャーに寄稿（1999年7月10日号）し，「雇用のための同盟」がドイツの雇用問題の解決にならない理由として，第一に，労使双方が競争を好まない利害関係者になってしまったこと，第二に，労使双方の連邦政府に対する政治的圧力が効いて，弱小化した産業部門への補助金獲得に汲々としていることをあげ，こうした体質をもつ労使双方が雇用確保のため同盟を結ぶのは，「猫に鰹節の番をさせるようなもの」と手厳しく批判している。

[8] ドイツのコーポレート・ガバナンスについては，本書第4章を参照。

ある。ドイツでは銀行の企業支配が強く，銀行がかなりの程度まで企業経営のモニタリング機能を果たしてきたが，当事者自治までは支配できない。その結果がミクロ的には高賃金，社会保障負担の増加であり，マクロ的には失業率の上昇，財政赤字の増加をもたらしたのである。「雇用のための同盟」によって，労組側が強く雇用確保を要求したとき，使用者側は賃上げ抑制の基本方針については評価したものの，雇用拡大への具体的要望については冷ややかな反応を示した。というのは，雇用減退率以上に生産が縮小したため，単位賃金コストが上昇したうえに，回収されない資本設備のコストが固定費を増加させており，製造業部門の収益状況が大幅に悪化したからである。コスト高を解消するには，雇用削減しかないというのが使用者側の本音であった。

　春闘が始まった95年1月，コール首相は使用者および労働者代表を招き，失業問題について協議した。雇用問題に関して政労使のトップが協議すること自体，増加する失業を解決する糸口が見つからないドイツ経済の苦悩を象徴していた。この会談で政府は，長期失業対策として，99年までの4年間に連邦予算から30億マルクの支出を約束した。同時に，95年1月より操業短縮手当の支給期間（原則6か月）を，(1) 95年1月から6月まで最高24か月，(2) 95年7月から12月まで最高18か月，(3) 96年1月から6月まで最高12か月に延期する措置をとった。企業が操業短縮を行いやすい環境を整備する反面，安易な解雇を防止するためである。95年12月まで6回行われた政労使トップ協議を通観すると，そこで新たな協定を結ぶというより，それぞれの立場から意見を述べ合い，ドイツ経済の今後の運営についてのコンセンサス形成に役立ったと言える。

　「投資と雇用の行動計画」は，96年1月に政府より発表された政労使のコンセンサスである。その内容は，同月にドイツ産業連盟（BDI）より発表された総合経済強化策に近く，税制改革に関しては，相続税，贈与税，事業税の軽減または廃止，失業保険の給付削減，早期退職者への年金支払制限などである。BDIの総合経済強化策の狙いは，2000年までに200万人の新規雇用を創出することである。そのため，法人税減税を含む税制改革と，各種補助金制度の見直しによる財政支出の削減を要求している。この提案は，財政支出の増大によるマクロの景気浮揚よりも，企業による社

会保障費および税負担の軽減によって，雇用拡大能力を増強するミクロ的対策の重要性を指摘したものであった。1997年は，エアハルト生誕百年に当たり，ドイツの新聞，雑誌には彼の不朽の功績を評価するとともに，社会的市場経済の将来を展望する記事が連載された。生誕百年の記念行事でコール首相は，社会的市場経済の意義を再確認するとともに，ドイツ経済の現状に対して，もしエアハルトが生きていればどんな診断を下すかと自問した。エアハルトの診断を誰よりも知りたかったのは，他ならぬコール首相であったことは当然である。

(4) 度重なる年金改革

年金改革については，すでに第1章において「動的年金」の導入（1957年）を説明した。その特徴は，① 拠出も給付も所得比例で，両者間に等価原則を想定する，② 年金水準を現役世代の平均労働報酬に連動させる（インフレーションだけでなく，実質所得の上昇分も考慮される），③ 賦課方式に転換する，という3点にまとめられる[9]。「動的年金」は，福祉政策を重視する多くの先進国で採用され，所得比例年金の世界的モデルとなったが，構造的弱点を内包していた。すなわち年金財政の圧迫である。(西)ドイツ経済が成長を持続し，ほぼ完全雇用が維持され，保険料納付者数が増加し続けたにもかかわらず，1960年代半ばには，支出が収入を超過しはじめた。こうして「動的年金」の給付算定方式は，社会保障給付額を急増させたのである。年金財政との関連でいえば，連邦財政の移転支出総額（公的年金を含む）の対GNP比率が着実に増大しはじめた。1974～75年の不況によって，保険料収入が大幅に減少し，積立金の費消が進んだため，年金の自動改定幅の抑制，保険料率の引き上げ（18％から18.5％），年金受給者に対する健康保険料の自己負担など，年金財政改善措置の採用に踏み切らざるをえなくなった。福祉国家の限界の始まりである。

　ドイツの公的年金の問題点は，人口構成の変化がもたらす給付額の増加

---

9) これによって，公的年金の給付だけで現役時代とほぼ同等の生活水準が保障されることになった。

と年金額の算定基礎の二つに大別できる。第一の人口構成の変化について述べれば，高齢化を反映して受給者一人当たり勤労者数は，1990年の2.11人から2030年には1.12人に低下すると推計されている[10]。したがってこの給付算式を維持すれば赤字が急増し，年金制度に深刻な打撃を与えることになる。これはまた，明らかに勤労世代への過大な負担増を意味するから，世代間の連帯に亀裂が入る可能性がある。福祉国家の限界が社会的市場経済の危機といわれる所以である。第二の算定基礎であるが，年金額が課税前の平均賃金を基礎にしていることと，異なる保険者からの年金を合わせて受給できるため，年金受取額合計が退職時の手取り賃金を実質的に上回るケースが発生した。これら二つの問題点は，いずれも年金財政の圧迫要因であり，保険料率の大幅引き上げをもたらす要因である。

　1992年の年金改革法の狙いは，逼迫が予想される年金財政の救済にあった。改正点は，① 年金額算定基礎を前年の純賃金の変化に変更[11]，② 年金受給年齢の引き上げ（2001年より漸次引き上げ，2012年には男女とも65歳），③ 年金水準（現役平均純賃金の70％）および拠出率の安定化と連邦支出金の算定方法の確定，④ 育児期間など家族政策的配慮であった。これらの改正項目から推論されるように，1992年年金改革法は年金制度の根本的改革ではない。動的年金の基本的性格（赤字体質）がそのまま維持されてしまったのは，野党（SPD）と労働組合の合意をえるためである。ドイツ統一直後から年金水準の平準化措置がとられたが，1992年1月1日以降，西ドイツの公的年金制度が東ドイツにも適用されたため，西から東への所得移転が急増し[12]，ドイツ年金財政は更なる打撃を受けることに

---

10) 1972年以降，年金支給開始年齢が弾力化された結果，賃金月額が一定額以下の場合には，早期受給を選択しても年金額が減額されなくなった。これによって高齢者の失業問題が一部緩和されたが，他方で現役世代の保険料率が引き上げられたことは，勤労意欲と世代間の公正な分配問題に暗影を投げかけたと言える。

11) これまでの年金額算定方式は，課税前賃金（粗賃金）の平均を基礎にしており，しかも課税されていないため，手取り年金額は手取り賃金額以上に上昇する傾向にあった。

12) 年金保険の東西所得移転（1992～96年で累計568億マルク）の実態については，加藤栄一（1997, p.11～13）を参照。なお，これに関連して「この巨額の所得移転はドイツ統一に起因しており，本来ならば租税収入（連邦支出金）によって賄われるべきものであったが，実際には西ドイツの年金保険拠出金で支弁された。この所得移転が，ドイツ年金制度の基本的特徴である動的所得比例年金の原則を風化させてしまった。」という加藤栄一の的確な指摘を紹介しておきたい。

なった。東西ドイツ統一直後であり，多事多端，やむをえなかったかも知れないが，その後の経過を見ると，根本的改革の先送りが年金財政に残した重荷はきわめて大きかった。

　周知のように，ドイツの公的年金制度は，社会的連帯の長い歴史をもっている。したがって，年金制度の抜本的改革が必要なことは分かっていても，たとえば自己責任の基盤を拡大する形で積立方式に移行するとか，税収を財源とする基礎年金構想に転換するといった，急激な変革にはなじまないのである。結局，1999年の年金改革法は，年金水準の引下げによって，現在および将来の現役世代に対して重い負担を課すことなく，世代間契約制度を維持することになった。税および保険料負担の引き上げが不可能であれば，年金給付の実質的引下げが年金改革に対する唯一の解であった。実際には，付加価値税[13]の1％増税による連邦支出金の増加があったが，具体的には，生涯年金支給額を変えずに，支給期間を引き伸ばすことによって1年当たり支給額を減額したのである。

---

13)　わが国の年金改革（2004年）でも，財源として消費税の引き上げが議論されている。

第4章

ドイツのコーポレート・ガバナンス

2002年1月より，ドイツでは株式売却益（キャピタルゲイン）課税が撤廃された。これを機会に，金融機関と企業の間の株式持合い解消が進み，集中や合併による業界再編が急速に進展することになった。これによってドイツの産業は，グローバル化された世界経済のなかで，競争力の向上と将来の比較優位の確立を狙っているといってよい。こうした動きは，ドイツのコーポレート・ガバナンスをどのように変化させているのであろうか。まず，コーポレート・ガバナンス変化の背景にあるドイツ経済・経営の潮流を時期的に分けて概観しておくことにしよう。

1960～70年代は，社会的市場経済体制による安定成長期であり，競争による市場秩序が尊重された。コーポレート・ガバナンスも自由放任ではなく，公共の福祉に留意する制約があるものの，資本と労働の効率的配分が十分に達成された。しかし60年代半ば，完全雇用の実現によるインフレが顕在化するにつれて，経済安定・成長促進法（1967年）が施行され，政府から必要な協調行動のための指針が提示された。これは具体的にいえば，計画性の導入であり，その限りでコーポレート・ガバナンスは影響を受けたといえる[1]。

1970～80年代は，欧州経済統合の基礎固めの時期であり，また1973年1月デンマーク，イギリス，アイルランドが統合加盟に踏み切るなど，統合の拡大期でもあった。ドイツはじめ加盟国は統合のための共通政策を導

---

1) その詳細は，第1章3「秩序政策の理想の変化」を参照。

入することになり，各国のコーポレート・ガバナンスが影響を受けることになった。しかしマルクは次第に欧州諸通貨の中心通貨的役割を占めるようになり，欧州金融経済はブンデスバンクの金融政策を中心に展開されたから，二度にわたる石油危機に対して先進国首脳会議が開催された（1975年11月）ものの，ドイツ企業のコーポレート・ガバナンスへの影響はそれほど大きくはなかったといえるであろう。別の箇所（本章 2.2）で詳述するが，むしろ 2000 名以上の従業員を抱える大企業に対して，共同決定法の適用が資本家側に有利に緩和された（1976年5月）ことが，その後のコーポレート・ガバナンスの方向に強い影響を与えたといえる。

1989 年 10 月，ライプチッヒにおける 7 万人の民主化デモ，11 月ベルリンの壁崩壊は東西ドイツ統一の序章である。90 年代のドイツ経済は東西の経済格差是正と旧東ドイツ国営企業の民営化を中心に展開されることになった。しかし旧東ドイツの経済体制を急激に自由主義経済体制に順応させることは容易ではなく，ドイツの財政赤字は急膨張した。ドイツは欧州統合（EMU）による「財政安定化協定」の制約に従いながら，旧東ドイツ経済の立て直しに全力を注ぐことになった。

90 年代は，グローバリゼーションの時期でもある。ドイツ企業のグローバリゼーションへの対応とコーポレート・ガバナンスの目標は，一方で経営参加と共同決定の特色を維持しながら，他方で世界企業へ向けての組織再編成という，必ずしも調和的ではない二つの課題に応えることであった。前者はシュレーダー政権による「雇用のための同盟」（Bündnis für Arbeit）が，協約自治（Tarifautonomie）の伝統をどこまでドイツ企業のなかで生かせるかという問題であり，後者はドイツ企業がヨーロッパだけではなく，アメリカやアジア諸国の企業と競争していくとき，どんな世界戦略を樹てる必要があるかに関連する問題である。

1 企業経営における意思決定の仕組み

1.1 社会的市場経済体制とコーポレート・ガバナンス

「企業の社会的責任」という表現のなかに，企業には株主以外にも責任を

負うべき利害関係者集団（ステーク・ホルダー）が存在するという判断がある。今日では，企業が株主だけでなく，すべてのステーク・ホルダーの利益のために存在し，経営者がその責任を負うということは半ば常識になっている。

しかし，ステーク・ホルダーは，株主（投資家），従業員，顧客，債権者（銀行），取引業者，業界団体，コミュニティ，政府など多様であるから，企業がどのステーク・ホルダーの利害を満足させることに強い関心をもっているか，別言すればどのステーク・ホルダーが経営者をコントロールしているかによって，それぞれの企業像に際立った差異がでてくることになる。戦後，社会的市場経済体制のもとで発展してきたドイツの企業は，どのようなコーポレート・ガバナンスの特徴をもつのであろうか。

ガバナンスは，ステーク・ホルダー間の交渉力といえる。したがってコーポレート・ガバナンスは，企業経営者をステーク・ホルダーの誰がどのようにコントロールするかに関する制度的枠組みである[2]。制度的枠組みを大別すれば，アメリカのように株主が企業経営者をコントロールする［アメリカ型］と，ドイツはじめヨーロッパ大陸諸国のように，企業内に設置する具体的な監視機構によって企業をコントロールする［ドイツ型］の二つがある。［アメリカ型］は株主（投資家）主義である。つまり他のステーク・ホルダーはコーポレート・ガバナンスとは実質的に無関係である。企業はその所有者である株主のものであり，したがって企業経営者は株主利益の最大化に沿って行動しなければならない。明らかにこの企業像は，新古典派経済学における企業観から生まれている。

これに対して［ドイツ型］は，株主のほかに，顧客，債権者（銀行），従業員をステーク・ホルダーとして重視し，その互恵性を認める。後述するように，会社は主要なステーク・ホルダーである従業員の経営参加を基盤としており，株式会社が採用している「共同決定制度」にコーポレート・ガバナンスの特色がある。トップマネジメント組織（監査役会）を通じて，株主代表と従業員代表がモニターし，助言し，経営者の意思決定を

---

[2] 青木昌彦 (2001) は，株主価値的視点 (shareholder-value perspective) とステークホルダー社会的視点 (stakeholder-society perspective) に二分して，比較コーポレート・ガバナンスを分析している。

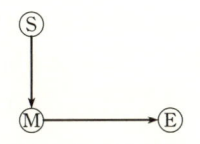

(1) 株主主権＝団体交渉モデル
MはSの代理人としてEの代表とともに，意思決定変数の一部を共同で決定し，残りを片務的に決定する．

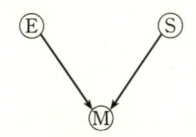

(2) 経営参加モデル
SとEの代表者が共同的に意思決定を行うか，あるいはSとEの共同監視のもとでMが意思決定を行う．

(3) コーポラティヴな経営主義モデル
中立的なMが，SとEの利害を統合し，仲裁するように意思決定を行う．

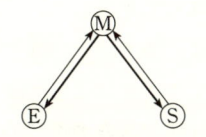

(3a) 裁量的経営主義モデル
独立のMが，SとEによって課せられた制約条件のもとに，それ自身の効用を最大化するべく意思決定を行う．

第1図　会社の意思決定構造
出典）青木昌彦『現代の企業』，岩波書店，1984年，203頁．

コントロールできるようになっている[3]。

---

3) 同じ保険業であっても，その起源が山であるか海であるかによってマネジメントの考え方に大きな差がでる。山を起源とする保険は，災害のリスクを平等に分担することによって村人たちの連帯感を強めたのに対して，海を起源とする保険は，船荷が契約通り到着するかどうかというリスクの大きさに応じて保険料が算定された。山を起源とする保険の発想は平等と連帯感を生み，海を起源とする保険は，リスクが大きければそれに見合った保険料を支払うという価格メカニズムの優位性をうみだした。そこでは社会との連帯感はとくに重

[アメリカ型] および [ドイツ型] を青木 (1984) にしたがって図示してみよう。ここでは，簡単化のために経営者Mとステーク・ホルダーとして株主Sと従業員Eだけを考える。[アメリカ型] は，経営者が株主を意識して企業経営を行う株主主権モデルである。太線の矢印方向が示すように，株主の影響が直接に経営者，そして従業員に及ぶことになる。それに対し [ドイツ型] は経営参加モデルである。監査役会を構成するステーク・ホルダー，つまり株主と従業員とが同格で参加し，太線の矢印方向が示すように，監査役会が経営者をコントロールしている。

1.2　銀行の議決権行使によるコントロール

(1)　企業金融におけるメインバンクの役割

　[ドイツ型] コーポレート・ガバナンスの典型として，銀行による企業支配をあげることができる[4]。戦後，ユニバーサルバンク[5] としての大銀行（ドイツ銀行，ドレスナー銀行，コメルツ銀行の三行）は，以下に見るように，株式法135条による個人株主の寄託議決権の行使，銀行法19条による株式取得，銀行役員の企業監査役会への派遣によって，多くの上場企業の経営執行に大きな影響を与えてきた。

　[寄託議決権]　ドイツでは，多くの小口株主が銀行を通じて無記名株を売買し，それを銀行に寄託することによって議決権の代理行使を銀行に委任する。これによって銀行は株主総会で銀行の持ち株比率をはるかに上回

視されない。アルベール (1995) は，アメリカ流の新古典派普遍モデルと大陸型（ドイツ・スイス型）モデルという二つの資本主義があることをこの対比によって説明している。

　4)　シュレイファーとヴィシュニィは，コーポレート・ガバナンスの展望論文のなかで，投資家に対する法的保護とある程度までの株式保有の集中が，良いコーポレート・ガバナンスの基本的条件であると指摘したあとで，アメリカ，ドイツ，日本の基本的条件をそれぞれ比較している。ドイツについては，銀行などの債権者の権利がアメリカより強く，株主の権利はアメリカより弱いこと，大口株主と銀行によるガバナンス・システムが支配的であると述べている。Shleifer and Vishny (1997, p. 770)

　5)　ユニバーサルバンクは，普通銀行，証券会社，投資信託銀行の機能をすべて統合した広範な業務を営む銀行のことである。企業はユニバーサルバンクとの取引により，金融取引だけでなく，新株発行における引き受け業務と売買業務を依頼することによって，借入，増資，その他の形での資金調達と運用を任せることができる。このユニバーサルバンクの伝統が，ドイツの銀行によるコーポレート・ガバナンスへの影響をいやがうえにも大きくしてきたことは否定できない。その実態については，吉森賢 (2001) を参照。

る強大な影響を当該企業に与えることが出来る。1965年の株式法改正までは，株主から特定の指示がない限り，銀行は寄託されている株式議決権を無期限に行使できた。株式法改正後は，この議決権行使期限が短縮された（最長15か月）が，法改正が個人小口株主の株式総会への出席を刺激したわけではないから，銀行による寄託議決権行使による強大な影響は実質的には不変であったといえる。

［株式取得］　銀行法19条によって，対象企業の25％を超える株式保有は資本参加とみなされ，銀行法上の諸比率規制においては貸し出しとして取り扱われる。したがって銀行は，自己資本規制の範囲内でありさえすれば，株式取得によって自由に持ち株比率を高めることが可能である。こうしてメインバンクは，当該企業の経営はもちろん，株価に対しても大きな影響を与えることができたのである。

［監査役会役員］　銀行役員の企業監査役会への派遣は，いってみればいま述べた寄託議決権行使と株式取得の双方がもたらす自然的帰結である。これによって当該企業との長期的金融関係が成立，維持されることになる。注目すべきことは，ドイツの大企業が複数の大銀行とこうした長期的金融関係を保っていることで，第2図のダイムラー・ベンツ社はその一例である。また，メインバンクがわが国のように最大もしくは上位の資金供給銀行とは限らないことも興味深い。寄託議決権行使に注目すれば，個人株主が多い企業ほど，銀行は当該企業に役員を派遣する可能性が大きくなる。現在，株式法100条にしたがって，一企業の役員が他企業の監査役会の会長または役員を兼務する場合，最大10社までとなっている。しかし，主要産業の寡占化は先進国に共通であり，ドイツも例外ではない。したがって10社の役員の兼務がもたらす影響力は決して軽視できないものがある。とくにドイツの監査役会の機能と権限はきわめて大きく，我が国の監査役会とは比較にならない。

以上，ドイツの商業銀行がコーポレート・ガバナンスで果たしてきた大きな役割の背景について概説した。しかしドイツの企業金融におけるメインバンクの機能が，80年代後半以降着実に変化しはじめていることにも注目しなければならない。第一に，資本取引の自由化によって国際金融・資本市場が急速に整備され，金融革新の波が在来型の金融手法に深くメス

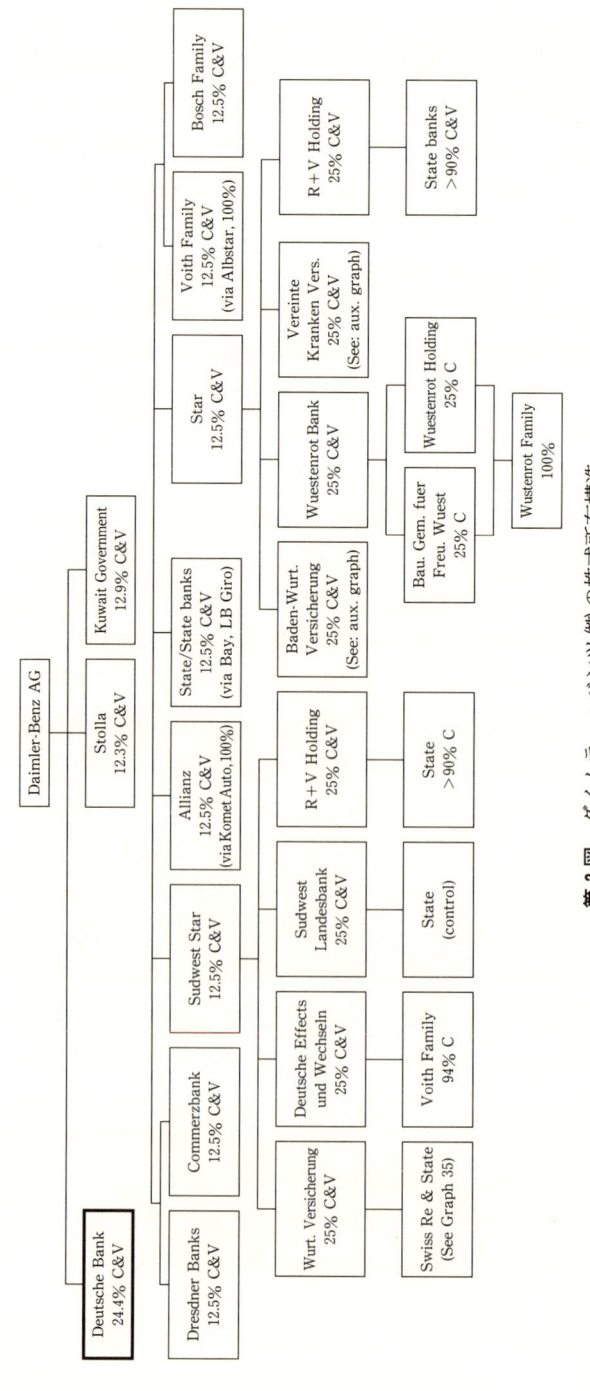

第2図 ダイムラー・ベンツ㈱の株式所有構造

```
                                    Daimler-Benz AG
                                           │
        ┌──────────────┬──────────────┬────┴────┬──────────────┬──────────────┐
   Deutsche Bank                              Stolla                    Kuwait Government
   24.4% C&V                                 12.3% C&V                   12.9% C&V
        │
   ┌────┼────┬──────────┬──────────────┬──────────────┐
Dresdner   Commerzbank  Sudwest Star   Allianz         State/State banks    Star           Voith Family        Bosch Family
Banks      12.5% C&V    12.5% C&V      12.5% C&V       12.5% C&V            12.5% C&V      12.5% C&V           12.5% C&V
12.5% C&V                              (via Komet.Auto,100%) (via Bay, LB Giro)                               (via Albstar, 100%)
   │                         │              │                    │                │
Wurt.           Deutsche Effects   Sudwest      R+V Holding   Baden-Wurt.      Wuestenrot Bank    Vereinte              R+V Holding
Versicherung    und Wechseln       Landesbank   25% C&V       Versicherung     25% C&V            Kranken Vers.         25% C&V
25% C&V         25% C&V            25% C&V                    25% C&V                             25% C&V
                                                              (See: aux. graph)                   (See: aux. graph)
   │                 │                 │            │              │                  │
Swiss Re & State   Voith Family    State         State         Bau. Gem. fuer    Wuestenrot Holding              State banks
(See Graph 35)     94% C           (control)     >90% C        Freu. Wuest       25% C                           >90% C&V
                                                               25% C
                                                                                  │
                                                                            Wuestenrot Family
                                                                            100%
```

出典) La Porta, Rafael, Lopez-de-Silanes, Florencio, Shleifer, Andrei, "Corporate Ownership Around the World", *The Journal of Finance*, Vol. LIV, No. 2, April 1999, p. 487.

第4章　ドイツのコーポレート・ガバナンス　　　　　　81

を入れはじめたからである。80年代後半の企業金融の動きを見ると，好調な輸出に支えられて景気が回復し，企業の手元流動性が確実に改善されたことがわかる。このことは，資本参加や金融資産運用収益からなる営業外収益比率の上昇と，短期銀行借り入れの低下によっても確認できる。企業の銀行借り入れが低下したのは，自己資本比率の低下が企業体力を弱めるという教訓を多くの企業が認識しはじめたことの他に，1985年の銀行法改正によって，融資総額の規制が強化され，出資比率40％以上の子会社を含む連結ベースで適用されることになっただけでなく，一債務者当たりの最高融資額が責任自己資本の75％から50％に引き下げられたことが影響していると考えられる。

　さらに，有力企業のなかには，会社形態を見直し，株式を公開することによって資金調達を行う直接金融の動きが見え始めたことも無視できない。また，現時点では当然と思われるかも知れないが，資本取引自由化に対応して，企業が内外金利格差，為替相場の動きに関心をもち，有利な外国資金の取り入れと必要なリスク・カバーの手当てをするほか，余裕資金を国際金融・資本市場で運用しはじめたことも注目すべき変化である。

　第二に，銀行の企業支配に対する規制の動きが目立つようになったことである。これは，直接的にはEC委員会の第二次銀行業務自由化指令案に盛り込まれている同趣旨の規制案に呼応したものである。しかし実質的には，金融・資本市場の国際化がドイツの金融市場に変革の楔を打ち込んだというべきであろう。というのは，80年代初期，ドイツの成長率がマイナスとなり，その後も失業率が高止まりしていることが，ドイツ経済をどのようにして活性化するかに関心を集中させ，経済権力の銀行への集中がドイツの経済秩序，ひいてはドイツの経済成長を弱めるとの認識が広まったからである。本書全体の文脈で言い直せば，社会的市場経済が機能不全に陥る危険があることに気がつき始めたからである。

　具体的には1989年，ドイツ国会で銀行権力の制限について激しい議論が展開された。

　銀行権力の制限に関する国会での議論のうち，以下では当時のドイツ自由党（FDP）代表ラムスドルフ Otto Graf Lambsdorff の制限に賛成する意見を三点に要約することにしよう。(1) 統計数字は銀行権力の制限をめ

ぐる議論にはそぐはない。制限が必要なのは，銀行の機能累積効果が企業の意思決定に影響を与えているからであって，数字の大小からではない。(2) 市場経済では，知識と能力が競争を通じてぶつかり合うことによって，経済的優位が決まる。この競争こそ，革新と経済のダイナミズムを生む源泉である。銀行の経験的知識と銀行の利害が企業の意思決定に強い影響を与えることは望ましくない。(3) 1979年，独占委員会の調査委員会報告が示しているように，銀行は直接金融にそれほど強い関心を示さない。その結果，株式市場は未発達のまま推移してきたし，銀行は監査役派遣，議決権行使によって，企業が利潤の蓄積によって自己資本を充実させるように仕向けてきた。そのため配当性向は小さく，株式市場での株価の動きは鈍いままである。それだけでなく，銀行は当該企業に関する情報を他の投資家より多く保有できるから，これを悪用すれば，利益相反やインサイダー取引を行うことができる。したがって国際資本移動が完全に自由化された現在，銀行にとって重要なことは，銀行権力の保持と行使ではなく，みずからの市場が国際的にも魅力のある市場となるように競争条件を整備することである。

(2) 集中・合併におけるメインバンクの役割

ある企業が技術競争力の強化や販売シェアの拡大を計画して競争企業を買収しようとするとき，ドイツのメインバンクはどのような役割を演じるのであろうか。この問題は，散発的に新聞や雑誌で報道されることはあっても，友好的，敵対的買収を含む包括的な実証研究はきわめて少ない[6]。しかし一例としてクルップ社がライバルのヘッシュ社の買収を意図したとき，メインバンクがどのように動いたかを知ると，産業再編ひいてはコーポレート・ガバナンスに果たすメインバンクの役割は今後さらに大きくなることが予想される。

買収劇はこうして始まった。クルップ社のメインバンクはヴェストドイ

---

[6] Jenkinson and Ljungqvist (2001) は数少ない例外のひとつである。すぐ後で述べるクルップ社のヘッシュ社買収の顛末はじめ，乗っ取りの実例のほかドイツにおける株式保有の集中に関する資料を含んでいる。アングロサクソン諸国のコーポレート・ガバナンスとの比較を可能にするという意味でも貴重な実証研究である。

ッチェランデスバンク，ヘッシュ社のメインバンクはドイッチェバンクであり，クレディ・スイスはクルップ社と取引をしてきた。クルップ社の計画実現のために，まずクレディ・スイスがヘッシュ社の株式を密かに24.9％[7]まで購入する。その後買収意図が明らかになるに及んで，クレディ・スイスはクルップ社の応援をえてさらに20％を買い増した。一方，メインバンクのヴェストドイッチェランデスバンクは，（おそらく議決権の制約を回避するため）買収合戦が進展する過程で，ヘッシュ社の株式を12％所有していることを明らかにしなかった。その後最終段階で，クルップ社と協力して議決権の制約を除去し，乗っ取りに踏み切った。興味があるのは，クルップ社が（ライバルのヘッシュ社のメインバンクである）ドイッチェバンクの応援を受けたことである。ドイッチェバンクは，言ってみればメインバンクが買収の危険から守ってくれるという取引先企業の常識を破ったのであるが，何故そうしてまでクルップ社を応援したのであろうか。

　新聞記者の質問に対する当時のドイッチェバンク役員の答えはまことに明快である。「われわれはクルップの計画を事前に知っていたし，クルップを応援したのは，産業全体でみてその方がよいからだ。ドイッチェバンクは，うちの役員をヘッシュ社の監査役会会長に送りこんでいるが，株式の入札申し込みに対してヘッシュ社を守る義務はない。どのようにしてヘッシュを守るかって？　誰かが株式を買っていることは知ってはいるが，それが誰だとは誰も知らないのさ。ヘッシュは守られるべきだって？　ヘッシュは保護される権利でももっているのだろうか？　ドイッチェバンクは今の（産業）構造を維持する義務でももっていると言いたいのかね。」

　クルップ社によるヘッシュ社乗っ取り成功の背景には，銀行および他企業による持ち株を反映した高い支配的所有比率がある。わが国と異なり，こうした高い支配的所有比率を可能にしたのは，敗戦後占領軍によって管

7）ドイツにおける企業支配は，株式保有規模（25％以下，25％，50％，75％，95％）によって支配権の内容が大きく異なる。たとえば25％以下では，5％で株主総会の開催を請求できるほか株式議決権があるだけで特別の支配権はない。それに対して25％以上では，会社定款改正請求，監査役会変革請求，利潤請求などの支配権がある。しかし25％以上の株式保有の事実をカルテル庁に報告するほか，新聞への公告義務がある。24.9％の株式保有は，企業支配権は制限されるが公開を免れるという利点がある。

理された企業資産が，冷戦にともなう世界情勢の変化によって，ふたたび元の所有者である銀行を含むドイツの財閥に返還されたためである。もともと高い支配的所有比率を示す企業は，ドイツでは有限会社，合資会社，合名会社の企業形態をとることが多い。しかし株式会社でも，ドイツ第二の大企業であるシーメンス社の株式持分を見ると，シーメンス同族の合計持分は資本金の1.65％に過ぎないが，1株の議決権は6票であるから，実質的には9.9％を占めることが分かる。さらに同族は1株1票の株式を7％保有しているから，議決権合計は17％弱となる。シーメンス社の株主総会における合計議決権は平均50％と言われており，したがってシーメンス同族は，株主総会で合併，定款変更などの重要事項（30％以上の議決権で75％以上の賛成が必要）に決定的影響力を与えることができるのである。

　ドイツ企業の多くが銀行や同族によって支配されているということは，コーポレート・ガバナンスの視点からいえば，所有と支配が分離されておらず，所有と経営が同一人物によって推進される可能性があることを意味する。つまり，かつてバーリとミーンズ[8]が指摘した専門経営者による支配が生じる可能性が小さいことを意味する。バーリとミーンズは，会社の大規模化に伴い，所有者である株主が直接経営活動にタッチする機会が乏しくなり，株主の権限と経営者の権限が明確に分離されるようになると指摘したのである。ドイツではどうであろうか。そこで次に，ドイツのコーポレート・ガバナンスがどのような特色をもって発展してきたか検討することにしよう。

1.3　経営参加と共同決定を通ずるコントロール

　ドイツのコーポレート・ガバナンスが経営参加モデルであることは第1図から明らかであるが，企業経営における意思決定の仕組みに関連していえば，監査役会による経営監督（監視）機能と執行役会による業務執行機能とは，法的に完全に分離されている。これがドイツの株式会社の大きな特色である。監査役会役員[9]が執行役会役員を兼務することは法的に禁止さ

---

8)　Berle and Means (1932)

れている。アメリカの大企業に見られるように，取締役会長と最高経営責任者という二つの機能と役職を兼任できない。

　ドイツの監査役会と執行役会との関係をコーポレート・ガバナンスの視点でいえば，次のようになる。まず株主総会で監査役が選任される[10]。選任された監査役の中から監査役会会長と副会長が決まる（会長は資本側代表，副会長は労働側代表が選任される）。こうして成立した監査役会（Aufsichtsrat）は，経営者市場を通じて有能な執行役（Vorstand）を選任し，執行役会会長（つまり社長）を決める[11]。わが国の株式会社では，取締役社長が取締役会長や監査役会役員を決める例が多いが，ドイツでは逆に監査役会が社長を決め，執行役会の業務執行を監視（aufsichten）し，助言（raten）するのである[12]。これを図示したのが次ページの第3図である。

　ところで経営者をコントロールするメカニズムが有効に機能するようになればなるほど，エージェントとしての経営者とプリンシパルとの間の関係はより簡単になろう。より具体的にいえば，契約という市場を経由した解決方法が採用され易くなるからである。エージェントとしての経営者のコントロールに役立つ市場メカニズムとして，小山（2002）は(1) 報酬，(2) 労働市場，(3) 法的規制，(4) 集団による意思決定，(5) 発展，(6) 名声，(7) 族意識をあげているが，そのなかでも(3)と(4)を重視している。市場メカニズムであるから，経営者の報酬や経営者労働市場，名声，族意識の役割は比較的容易に理解できるが，(3)と(4)が重視されるのはどんな意味を持つのであろうか。(3)の法的規制は，業務執行の成果を情報として発表する義務を経営者に負わすことによって経営者をコントロールすること

　9）　監査役会の資本側役員はすべて会社外部の人物である。
　10）　監査役会役員合計数は従業員数により異なる。従業員2万人以上の企業においては20人であり，その構成は資本側10人，労働側10人である。労働側10人の内訳は，従業員代表7人，労組代表3人である。
　11）　株式法にしたがい，資本金300万マルク以上の企業は二人以上の執行役会役員を必要とする。さらに従業員が2000人以上の株式会社にあっては，人事労務担当を一人選任しなければならないから，多くの株式会社では通常三人以上の執行役が選任される。
　12）　小山明宏（2002）は，ドイツ経営学の専門家として，ドイツの株式会社のトップマネジメント組織が厳密に規定されている利点を指摘するとともに，ドイツの典型的な企業グループであるコンツェルン経営を分析する場合にも，このトップマネジメント組織を考慮しなければならないことに注意を向けている。

(1) 日本のコーポレート・ガバナンス
日本型コーポレート・ガバナンスでは，株主を外部者と認識しており，そのトップマネジメント組織は最高意思決定機関と最高執行機関が一体化する純粋な内部機構である。監査役機能もトップ機能への有効なチェック機能とはなりえないどころか，現実にはトップへの賛同者としての立場にある

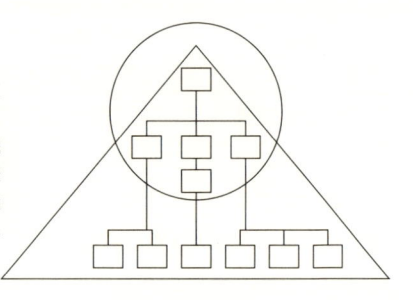

(2) ドイツのコーポレート・ガバナンス
執行役と監査役が完全に分離している。ここでは執行役会と監査役会では共通のメンバーはいない。監査役会の役割は，執行役会の計画や成果を監視することで，その構成や議決権などについても，所属産業や企業規模などにしたがって，規定がある。株主総会で監査役が選任され，監査役の互選で監査役会議長が決まる

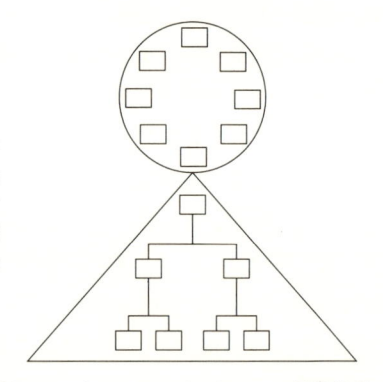

第3図 トップマネジメント組織から見たコーポレート・ガバナンスの目的比較
出典： 小山明宏「コーポレート・ガバナンスの日独比較」，『ドイツ研究』（日本ドイツ学会年報）33/34, 202, 47～63.

である。ドイツ株式法第162～169条による複数の監査人による決算の監査，第170～171条による監査役会での決算の監査，さらに第177～178条による所定の書式による公表義務が，経営者をコントロールする法的規制である。他方，(4)の集団による意思決定は，経営者が執行役会にあって共同で意思決定をする過程でのコントロールを意味している。

　もう一つの特色は経営参加である。この問題は後で立ち入った考察を行うが，現在，労使双方とも経営参加の機能と役割について再検討を迫られているといってよい。1950年代初め，共同決定法によって資本側と労働側の双方から，それぞれ同数の監査役会役員が選任され，監査役会を構成することによって経営を共同に決定してきた。経営参加はまさに社会国家ドイツの伝統であり，長い歴史的背景を持っている。そこでまずその経緯を概観し，その後で最近の経営参加と共同決定の実態を分析することによ

って，現代ドイツ企業のコーポレート・ガバナンスをめぐる動きを評価することにしよう。

(1) 歴史的推移

労働者代表による経営参加の萌芽は，1844年プロイセンの「労働者階級の福祉向上中央連盟」の結成に遡るといわれる。これによって，賃金，労働時間を含む雇用条件，年金制度，疾病保険，賃金前払い基金などが整備され，労使が同等の立場で議論する契機が生まれた。企業が従業員福祉を尊重する制度は，1891年のビスマルク政権の誕生とともにさらに整備された。ビスマルクの労働政策は，「あめ」と「むち」の巧みな使い分けと論評されることがある。世界に先駆けて健康保険制度，災害保険制度，老齢廃疾保険制度を整備する一方，後発国ドイツを先進国であるイギリスやフランスに追いつかせるために労働強化を続けたからである。この労働政策は，当時次第に激しさを増し始めた社会主義と労働運動への対抗策としても不可欠であった。

第一次大戦後の1918年，ワイマール憲法165条は，「労働者は雇用者と共同して，対等の立場で賃金および労働条件の決定と，生産能力の全体的，経済的発展に参画する資格を有する。双方の組織および協定はこれを承認する」と規定した。これにより，20人以上を雇用する企業は，事業所協議会（Betriebsrat）を設置し，雇用，労働条件を雇用者と共同決定することが義務づけられた。事業所協議会は第二次大戦によって一時中断されたが，戦後1952年に制定，72年に改定された経営組織法（Betriebsverfassungsgesetz）によって復活し，従業員による経営参加の基盤となった。しかも同法は，従業員5人以上のすべての企業に事業所協議会の設置を義務づけており，1951年の石炭・鉄鋼産業共同決定法，1976年の全産業に拡大された共同決定法とともに[13]，経営参加・共同決定の内容はワイマー

---

13) 1988年の共同決定改正法によると，従業員2,000名以上で，売上げ総額に占める石炭・鉄鋼比率が五分の一以上であれば，石炭・鉄鋼業に関連するこれまでの共同決定の諸規定は引き続き有効である。1999年，クルップ社とティッセン社の合併に際してこの共同決定諸規定が問題となった。というのは，合併後の新会社を引き続き石炭・鉄鋼企業とするか，しないかで，監査役会メンバーの選出に際して資本側と労働側を同数とするか，資本側を多くするかが決まるからである。前者の場合には，労使が同一の決定権限をもつ完全な共同決

ル時代よりさらに充実したものになった。

以上のように，ドイツのコーポレート・ガバナンスは，第二次大戦後も「社会国家」[14]ドイツの伝統を受け継いだ経済政策，すなわち社会的市場経済の原理によって発展してきた。自由な競争と社会的公正を重視する経済運営によって福祉国家が建設されたわけであるが，その背景には，労使の共同決定と経営参加を保障するコーポレート・ガバナンスがあったことに注意すべきである。では，現状はどうか。「はしがき」で述べた東西ドイツの統一や，グローバリゼーションの潮流は，ドイツのコーポレート・ガバナンスにどのような影響をあたえているのであろうか。

(2) 労働協約の変化

すでに1977年10月の時点で，全労働者の92.2％が週40時間労働となっていたが，80年代に入っても失業率が高止まり，雇用状況には何ら改善の兆しが見られなかった。その結果，労働組合は，健康保護や自由時間の増加というより，むしろ新規採用を増加させ失業者を減少させる目的で，時短に積極的に取り組み始めた。特徴的なのは，時短が賃下げなしで実施され，使用者側はこれを労働時間の弾力化と引き換えに受け入れたことである。80年代の時短政策の狙いは，時短に伴って協約基準を上回る賃金が給付されることを規制することにあった。その限りで産業別労働組合の規制力が生きていたといえるかも知れない。しかしこうした弾力化が事業所レベルで行われたことが，産業別・地域別（州別）労働協約にヒビを入れる結果をもたらした。従来，労働時間の長さは産業別・地域別の労働協

定制度であるとともに，執行役会に人事労務担当役員（Arbeitsdirektor）がおかれる。簡単にいえば，企業経営の基本方針ならびに執行に関して労働側から強い圧力がかかりやすい。1976年，共同決定法が2000名以上の従業員をかかえる全業種の企業に拡大，適用されたときも，資本側の関心は監査役会における労働側の構成について，事業所協議会代表（企業にとってインサイダー）の比率を大きく，産別労組代表（企業にとってアウトサイダー）のそれを小さくすることであった。1960年代，石炭・鉄鋼産業の共同決定法に従って監査役会を組織していた企業数は49社に達したが，90年代末には10社に減少している。

14) 1949年に制定されたドイツ基本法（憲法に相当する）は，第20条第1項で「ドイツ連邦共和国は，民主主義的，社会的な連邦国家である」と規定している。これは，社会的公正と社会の安全を実現する現代福祉国家のドイツ的形態を，伝統的な概念である社会国家という表現で示したものである。

約で規制されていたが，これが事業所協定の当事者に委ねられたことは，横断的労働協約の実質的解体を意味しているといってよい。

　90年代に入って，産業別・地域別労働協約から企業別労働協約の締結への傾向が強まった。その理由として以下の四点が考えられる。

　第一に，マクロ的には92年の不況と失業率の大幅な上昇があげられるが，ミクロ的には企業競争力の低下に直面して労働組合の指導力低下と弱体化があげられる。これまで労使双方で同一であった利害が不況によって一致しなくなり，産業別労働協約の遵守が企業にとって重荷となるケースがでてきたことである。たとえば賃金に関していえば，最低基準としての協約賃金すら守れないほど業績が悪化した場合，協約賃金を下回る例外的措置の採用が認められている。労組側がこの措置の例外性を強調するのは当然であるが，経営者から賃下げによる雇用維持を説得されては，「背に腹は代えられず」，従業員は産業別労働組合の意見・主張より，自分が働いている事業所の経営協議会の意向に強い関心を向けざるをえなくなる。こうして労働協約の分配機能は低下した。失業者にとって，協約賃金がかえって再雇用の壁になることもあるからである。

　第二に，産業別に見れば所属が同じでも，部品メーカーか最終組み立てメーカーか，業務が輸出志向か国内市場志向か，成長業種か停滞業種かによって，毎期の利益はかなり相違している。とくに景気後退期にこの相違や格差が明瞭となり，各社とも同じ労働協約の規制下にいることが苦しく，その拘束から免れようとする。これがいわゆる労働協約からの逃避（Tarifflucht）である。

　第三に，大企業の競争力が中小企業より強まるにつれて，大企業の業界内中小企業への圧力も高まり，使用者団体内のまとまりが弱くなったことである。とくに2002年，株式譲渡益課税が撤廃された結果，大企業は関連産業や銀行と維持してきた株式持合い関係を急速に改め，企業競争力の強化に乗り出した。このように自社の都合で，大企業でも中小企業でも産業別労働協約から撤退し，企業別協約を結ぶことによって生き残りを図る傾向が強まっている。

　第四に，労働組合組織率（推定30％）の低下傾向に端的に表されているように，労働者個々の利益や関心が急速に多様化していることである。

この傾向を軽視し,労働条件の統一をめざす伝統的労働協約政策を続けていては,グローバル化に伴う産業構造の転換を遅らせるだけでなく,労働の態様が急速に変化している現状に即応できない。労働者からは,相変わらず中央集権的単一化を夢見ているとしか受け取られない。とくにグローバル企業が,「アメリカ型」の会計基準やストック・オプション制度を導入するなど,失敗例も多いが,従来の「ドイツ型」コーポレート・ガバナンスからの脱皮を図っていることも見逃せない動きなのである。労働協約の有利性は明らかに弱くなったといえる。

(3) 監査役会のコントロール機能の低下

ドイツの株式会社において,監査役会と執行役会とが法的に完全に分離しているという事実と,それぞれの機能と役割が明記されていることは,監査役会によるコーポレート・ガバナンスに大きな期待をもたせるものである。その高い理論的整合性からも,ドイツの経営者は,企業の多様なステーク・ホルダーに対して共通の利益を最大化しようと努力し,意思決定に際してもこれらステーク・ホルダーを公平かつ同等に考慮すると考えられてきたからである。しかし前項の分析からも示唆されるように,実態は,監査役会は必ずしも期待通りのコントロール機能を果たしていない。それは何故であろうか。

ゲールム[15]は,ドイツ大企業62社の監査役会の活動について興味ある実態調査をまとめている。調査対象企業の64％では,監査役会と執行役会の役割が逆になっており,執行役会が監査役会に対して大きな影響力を与えている。こうした逆転が起こる理由としては,(1) 監査役会のメンバーが個人的には執行役会のメンバーと旧知の間柄であり,紛争や対立を好まない,(2) 監査役会のメンバーが経営執行に関連する多くの情報を執行役会メンバー自身から受け取っており,それらが特定の情報や操作された情報である場合,監査役会による有効な監視機能が働かなくなる,(3) 執行役会に対して,株主を含むステーク・ホルダーの利害を厳格に代表するには報酬があまりにも少ないことなどが考えられる。(4) さらに,監査役

---

15) Gerum (1991) を参照。

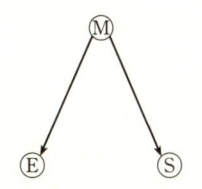

第4章　ドイツのコーポレート・ガバナンス　　　　　　　　91

```
        Ⓜ
       ╱  ╲
      ╱    ╲
     ↓      ↓
    Ⓔ      Ⓢ
```

第4図　監査役会と執行役会の役割の変化

出典）　Gerum（1991）の実態調査結果や青木（1984；第10章）の説明を参考にして著者が作成．

会の開催回数が年2回，多くて4回であっては，高度な経営戦略に関する意思決定をすることができない。これでは業界知識や情報の交換も不十分であり，結局，監査役会の会議には企業にとって重要な事実が報告されず，監視機能が十分に働かないことになる。

監査役会機能の低下を図示するため，ふたたび青木（1984）にしたがい，経営者M，株主S，従業員Eの関係によって表現してみよう。監査役会は，執行役会の計画や成果を十分に監視できる立場にはなく，経営者とステーク・ホルダーの地位は前図とは逆転している。第4図からも，情報や経営方針の発信および受信において，経営者が優位な立場になりつつあることが一目瞭然であろう。

そこで1998年，ドイツ連邦議会は監査役会の機能強化を実現するために法律[16]を公布した。改善の内容は多岐にわたるが，(1) 株主総会に対する監査役会の報告義務の強化，(2) 決算監査人と監査役会の関係の強化，(3) リスク管理の責任拡大など，株式法を改正することによって監査役会機能の強化を狙っている。つまり，ドイツのトップ・マネジメントの特色である，監査役会と執行役会の二層型組織の強化を狙っている。果たしてこの狙いが成功するかどうか予断を許さない。というのも，先に挙げた監査役会と執行役会の役割逆転の理由(1)〜(4)から明らかなように，監査役会の監視・助言機能と執行役会の意思決定機能とを分離することが実務的に困難であり，しかも監査役会の会議に執行役全員が出席している現状では，二層型から単層型に変化してしまっているからである。

---

16)　この法律は「企業分野での監視と透明性のための法律」(Gesetz zur Kontrolle und Transparennz im Unternehmensbereich) という。

青木（1990，1996）は，先進主要国で現在支配的なコーポレート・ガバナンスを検討するとき，そこに明確な相違点を見つけることが出来るが，それらはいずれも整合的であり，したがって近い将来いずれかの支配的なモデル——たとえばアメリカのような単層型モデルに収斂するとは考えられないという立場をとっている。青木による一連の比較制度分析が明らかにしたように，(1) われわれが作り上げている制度にはさまざまに異なるものがありうる，(2) 各経済システムがそれぞれある程度の自律性を持ちつつ再生産されているのは，経済システムのなかで行動している各人が，経済システムを構成するさまざまな制度的な枠組みの中で，それを支持する行動をとり続けている（青木，1996，p.325）からということになる。ここでいう整合性は，コーポレート・ガバナンス・システムを構成する諸要因が相互に補完的，つまりいま動いているシステムの機能を高めるように諸要因が作用しあうことを意味する。整合性に関するこの定義を基礎に，シュミットは［アメリカ型］をアウトサイダー・コントロール・システム（資本市場が支配的），［ドイツ型］をインサイダー・コントロール・システム（銀行が支配的）[17]に分類している。

しかしこの分類は明解に過ぎる。ドイツでも日本でも，銀行が企業経営に深く関係している点で共通していることは確かであるが，銀行の役割をガバナンスのシステムとして観察してみると，両者には大きな相違点がある。コーポレート・ガバナンスの問題を，株主と経営者の間の法的関係だけで解釈するのではなく，企業の内部構造や企業をとり巻く金融制度・労働市場の制度を含めて考察するとき，ドイツの企業や日本の企業が，イン

---

17) カンとシュツルツは，日本企業の特徴であるインサイダー・コントロール・システムの利点として，企業はモニターである銀行から企業内外の重要な情報を絶えず確保できること，したがって企業の銀行依存度と企業業績の間に正の相関があること，また90年代後半のバブル崩壊後は，銀行の体力低下が企業の資金調達コストを引き上げ，投資活動と企業業績の低迷を招いたことを実証した（Kang and Stulz, 1997）。ドイツ企業の銀行依存度が高いとはいえ，カンとシュツルツの実証結果と同じ結論がでるとは思われない。第一に，ドイツの銀行はユニバーサルバンクであり，金融業務だけでなく証券業務も行っており，日本の商業銀行の活動範囲よりはるかに広範である。第二に，優れたコーポレート・ガバナンス・システムの要因である投資家保護と株式保有集中度の2点で，わが国とドイツでは依然として大きな差異があると思われるからである。この点については Shleifer and Vishny (1997) も参照。

第4章　ドイツのコーポレート・ガバナンス　　93

サイダー・コントロールに従って運営されているとは断定できない。インサイダー・コントロール・システムは，株主が企業の所有者であることは認めるが，株主がステーク・ホルダーの中で特権的地位を保有しているという立場はとらない。個人企業の場合には，株主にとって物権（モノ）としての所有権は完全であり，株主はまさに企業の所有者であり支配者である。しかし現代企業の多くは株式会社であり，所有と経営が分離しているだけでなく，所有と支配も分離している。つまり現代企業にあって株主は，企業の所有者であることには変わりがないが，モノを直接支配するのではなく，企業活動が生み出す成果（利潤や市場シェア）に関心をもつ。したがって株主は，企業経営者から見ればまさにヴェブレンのいう不在所有者にすぎないのである。

　インサイダー・コントロール・システムによって株主モデルが棄却されたとき，社会的市場経済の原理が尊重されるドイツ経済にあって，株主は，企業を所有するだけにとどまらず，むしろ企業を継続的に発展させることの重要性に関心がシフトしたといえるのではないか。それは継続事業体（a going concern）としての株式会社がもつ社会性，ビジネスの共益性の重視である。利害を異にするステーク・ホルダーの重視といってもよい。経営参加と共同決定というドイツのコーポレート・ガバナンスは，監査役会が十分に機能してはじめて成立することが改めて認識されるのである。

2　ステーク・ホルダー相互間を調整する仕組み

　すぐれたコーポレート・ガバナンスを実現するための条件として，(1) 倫理，(2) 目標，(3) 戦略的経営，(4) 組織，(5) 透明性とアカウンタビリティをあげる場合が多い。(1)の倫理は，プリンシパルとエージェントの関係，つまりステーク・ホルダーの確認である。(3)の戦略的経営は，ステーク・ホルダーの価値を取り入れた効果的経営の実現である。このように，すぐれたコーポレート・ガバナンスが実現されるためには，ステーク・ホルダー相互間がうまく調整されるような仕組みを持っている必要がある。とくにドイツではステーク・ホルダーの数が多いから，すぐれた相互調整

の実現は企業経営者の重要な課題なのである。アメリカのように，企業経営者が唯一のステーク・ホルダーである株主の意向を反映することに全力を注ぐだけでは十分ではない。以下では，ドイツのコーポレート・ガバナンスを社会倫理問題と企業効率問題に分別して考察することにしよう。

2.1 社会倫理問題としてのコーポレート・ガバナンス

60～70年代のドイツ企業は，高度成長の繁栄を謳歌する反面，成長の代価ともいうべき公害の処理対策に悩まされた。具体的にいえば，ルール工業地域を中心とする大気汚染であり，ライン河の水質汚染であり，酸性雨によるシュバルツバルトなど広汎な森林破壊である。当時，私はかつての留学先で教えたり研究したりする機会に恵まれたほか，ドイツ企業をしばしば訪れたが，公害に関連していえば，大気汚染によってワイシャツの襟がひどく汚れて閉口した記憶がある。社会的市場経済体制は経済的には当事者自治の原則を尊重するが，公害発生のように経済システムが環境の変化に不十分にしか対応できないと分かれば，政府が政策介入に踏み切ることを認める。公害に対するドイツ州政府および連邦政府の命令と管理はまことに厳しく，それはまさに政府による徹底した法的・政治的コーポレート・ガバナンスであった。廃棄物処理法，大気汚染関連法，水質管理関連法，騒音防止法，航空機騒音規制などが矢継ぎ早に公布されたのである。

80～90年代においても，ドイツ企業は社会倫理問題として公害対策に多大なコストを投入せざるをえなかった。80年代の公害は，わが国でも深刻な問題となったダイオキシンの処理であり，90年代の公害は，環境・ゴミ問題である。前者については廃棄物処理法が改正され，廃棄物が発生すること自体を抑制するほか，リサイクルによる資源活用が促進されることになった。後者については消費関連ゴミの処理や，包装材料・容器の圧縮リサイクルが義務づけられることになった。通称「循環経済・廃棄物法」が公布されるなど，この期間も引き続き，社会倫理問題としてのコーポレート・ガバナンスは法的・政治的ガバナンスであったといえる[18]。

---

18) ドイツでは，1999年4月より環境税（Ökosteuer）が導入された。2003年1月まで5段階に分けて，石油・ガソリンに対してリッター当たり30フェニッヒ，電力に対しキロワット／時で当初2フェニッヒ，2003年より4フェニッヒ，灯油に対してリッター当たり

総括すれば，こうした法的ガバナンスの基礎があったればこそ，ドイツは新世紀の幕開けとともに，リサイクル社会，循環型社会の構築に踏み出したのである。

2.2 企業効率問題としてのコーポレート・ガバナンス

ドイツの大企業は，いま経営改革，組織改革，雇用改革を通じて，グローバル化の荒波を乗り越えようと懸命である。内外企業との合併・提携，アングロサクソン型の経営手法の導入，銀行依存体質からの脱却，合理化・人減らしによる組織の簡素化などは，ドイツの大企業が手がけた生き残りのための構造改善策のリストである。こうした構造改善策はドイツのコーポレート・ガバナンスをどのように変容させているのであろうか。

(1) 共同決定の価値

2000年10月，ドイツ機械・設備工業会（VDMA：Verbands Deutscher Maschinen-und Anlagenbauer）ロイター会長は，リースター労相（SPD）が提案する経営組織法（Betriebsverfassungsgesetz）の改正がもたらすコスト増大について警告を発した。その内容は，作業部署の変更，作業工程の変更，労働環境の変化が予想されるたびに，いつも事業所協議会（Betriebsrat）との共同決定が必要となると，こうした共同決定の拡大が企業に対して従業員1人当たり年間約100マルクの支出増加をもたらすというものである。その計算根拠は，経済全体でみた共同決定のコスト350億マルク（従業員1人当たりでは1000マルク）が，今回の共同決定拡大によって10％増加するところにある。またロイター会長は，経営組織法の改正を急ぐべきでないことを連邦政府に強く訴えた。経営組織法の改正を急げば，折角見通しがついてきた税制改革と年金改革を不首尾に終わ

4フェニッヒ，ガスに対してキロワット／時0.32フェニッヒをそれぞれ課税するものである。その結果，2003年には環境税として330億マルクの連邦歳入が予想された。またこれに応じ金額は比較にならないが，地方税として売上税の収入増も予想された。環境保全の視点から判断すれば，環境税の賦課は正当である。しかしここ数年間の実績を見ると，課税負担の公平性，コスト増に伴う国際競争力の低下，補助金の増加，期待はずれの雇用増など，社会的市場経済の原理が尊重する社会的公正と社会の安全の確保に十分な成果をあげたとは言えない。

らせることになるし，外国企業のドイツ経済に対する積極的な気分を壊してしまう危険があるとの判断からである。さらにロイター会長は，環境保護に対する事業所委員会の共同決定権を拡大することにも注意を喚起した。これによって設備投資が止まるだけでなく，投資決定手続きそのものが遅れてしまう危険があるからである。加えてロイター会長は，最近改められた減価償却表についても懸念を表明した。追加負担増を35億マルクに圧縮すべしというけれども，機械によっては償却期間延長が見込まれているものが三分の一近くに及ぶのであって，これでは機械に投資することはまさにペナルティを払うことに等しくなるというのがその根拠である。

共同決定の範囲拡大に反対する声は，ドイツ経営者団体連盟（Bundesvereinigung der Deutschen Arbeitgeberverbände）でも強い。フント会長は2000年12月「労組の立場を代表する理論的指導者たちによる労働法改正の暴挙」と断じ，「共同決定が拡大されれば，新規の注文や投資にすばやく対応してきたドイツ企業の最後の伸縮性が失われ，経営の官僚主義化とコスト上昇が不可避である。ドイツ産業の競争条件をこれ以上悪化させるわけにはいかない」と改正法案の撤回を強く求め，民主主義の赤字に警告を発した。これに対してドイツ労働組合連盟（Deutscher Gewerkschaftsbund：DGB）シュルテ議長は，経営者連盟の偽善を論難し，連邦政府に対して圧力に屈しないよう声援を送った。

このように共同決定の拡大をめぐる労使双方の賛否両論を併記してみると，世紀が替わった現在，共同決定がドイツのコーポレート・ガバナンスにおいてもつ意味が，いま改めて問われていることが分かる。約50年前，企業経営を労使双方の共同決定で行うことが決まったとき，労働側はこれを経営改革の支柱となるものと歓迎した。他方，鉄鋼・石炭などの基幹産業が不承不承にこれを受け入れたとき，経営者側はこれを経営の自由の終焉と恐れたのであった。そしてこの50年，ドイツの経済と経営は大きく変わり，労使双方は経営組織法の改正を機会に，改めて共同決定の機能を再検討し，その役割を再確認しようとしているといってよい。要約すれば，ドイツの経営者側にとって共同決定のドイツ・モデルはいまや福利をもたらす制度と捉えられているのではなかろうか。たとえば1998年，ダイムラー・ベンツはクライスラーと合併したが，シュレンプ会長は，ドイツの

共同決定が会社にとって建設的な仕組みであることをクライスラー社側に説得したとき，このことを痛感したといわれる。人事政策の中心テーマは，生産やマネジメントでのコスト低下問題ではなく，将来を見通した企業組織を労働側の協力と共同決定によっていかにうまく創りあげるかという問題だからである。

　これに対して労働側にとって，今や共同決定はむしろ懐疑的な制度と捉えられているのではなかろうか。共同決定によってドイツの労働者が，他国の労働者より企業経営に大きな影響をあたえていることは確かである。しかし共同決定の概念は，概念が持っている以上に大きな期待を持たせたが，実際はそれほどではなかったからである。たとえばドイツ大企業の監査役会には労働者や労組の代表が参加している。しかしそこでの発言は，ほとんど株主代表か資本側に限られているといわれる。財務諸表が提出され，投資リストが示されても，労働側代表は黙ってうなずくだけの場合が多い。財務諸表をコントロールする力も弱く，したがって権限も限定されている。それだけではない。共同決定を石炭・鉄鋼産業から他産業に拡大するため，ドイツ議会での読会（Lesung；reading）から1976年改正法が成立するまでの期間，共同決定の内容をどこまで変更するか，共同決定をどの産業分野にまで拡大するかをめぐる業界の駆け引きはかなりのものであった。株式会社を財団に組織変更し，定款と業務規定を改定したところもあるし，監査役会への参加は労使同数ではなくなったように，改正法は共同決定の内容と性格を弱めたのである。

　内容と性格が弱まったとはいえ，執行役会に対して業務執行のオープン化，成果の公表を要求できるし，慎重な決定が必要となる場合には譲歩を求めることができるという意味で，共同決定の価値はなお大きいものがある。たとえばアウディ社がハンガリーに新規自動車工場の建設を計画したとき，監査役会は，ドイツ国内での雇用と生産活動を維持するための投資を積極化することを条件にこれを承認したのであった。このように共同決定の価値は，いまや同じ名称をもつ共同決定法から出てくるのではなく，企業組織，つまりコーポレート・ガバナンスから出てくるといってよい。経済のグローバル化がドイツの企業組織に変更を迫っているといえる。

(2) 労働市場改革

2001年3月23日，世界最大のサービス産業労働組合である「統一サービス産業労働組合」がルフトハンザ・ドイツ航空に対して，賃上げ交渉のため時限ストライキを行った。これは，資本と並んでもうひとつの生産要素である労働が，市場統合にどう関わっているか，今後どのように関わるべきかをコーポレート・ガバナンスの視点から考えさせる問題を含んでいる。

第一に，欧州連合（EU）諸国は，資本面ではこれしかないという合意に基づき金融統合（EMU）を選択したが，労働市場の変化をこれと同列に考えてはならないことである。EMUの発足によって，労働市場にも調整圧力が増したが，いくつかの加盟国によって逆行するような措置，たとえばアンフェアな競争やダンピングから欧州（自国？）の労働者を守るための「社会的次元」，つまり労働条件に関する欧州最低水準の設定が要求された。この種の措置は，労働市場の伸縮性を減退させるだけでなく，とくにその水準が低位にある国々にとってはかえってコストがかかり，競争力を低下させることになる。これまでの実績を総括すれば，オランダのように，経済の分権化を進め，労働市場の伸縮性を高めることによって失業率を大幅に低下させることに成功した国と，相変わらず高い失業率に悩む国々による斑模様が鮮明である。金融・資本面と異なり，労働市場については，今回の時限ストライキ対策のように，引き続き加盟各国が必要な政策の主導権をとらなければならないのが実情なのである。

第二に，労働市場改革のモデルとして，地域的配慮が重要であることである。欧州労働市場に関する多くの実証研究は，労働市場伸縮性，作業時間伸縮性，地域別労働移動性が相互に代替的であることを明らかにしている。加えて，労働市場の制度的仕組みが依然として一国ベースであることに留意すれば，加盟各国はそれぞれがもつ特徴に応じて伸縮性のミックスを追求し，労働効率の向上を実現するのが実際的なのである。

第三に，労組による賃金交渉の中央化の意味である。「統一サービス産業労働組合」が世界最大規模で誕生したことに対し，ルフトハンザ・ドイツ航空の経営側は，労働市場改革の阻害要因と非難し，時限ストを受ける理由なしと批判した。一般に，労働組織率が高く労組の規模が大きいと，使用者側に圧力をかけ高賃金を実現しやすいと考えられる。しかし事実は

逆で，組織率の高い組合は賃金交渉がマクロ経済に与える効果をも内部化するように行動する。つまり，交渉が中央化されると，組合員の実質賃金と雇用水準だけでなく，労組はインフレ率が組合員に及ぼす効果をも考慮する。そのことから賃金上昇圧力はかえって制約されやすい。他方，組織率が低い場合には，組合の交渉力が弱いことで賃金制約が働くのである。このように組織率が高い場合と低い場合には，両者とも賃金が制約される結果，失業率が相対的に小さくなる可能性がある。ルフトハンザ・ドイツ航空の時限ストにおいて，労使双方が組織率と賃金率をめぐってどのような交渉を展開したのか，残念ながら私は追加資料をもっていない。

(3) 産業再編成の波

ドイツ大企業の苦悩がとくに目立ち始めたのは，1990年代ハイテク分野の立ち遅れが多くの関連分野の競争力を低下させ，大量失業が発生し，福祉国家の危機が叫ばれたときからである。封鎖経済であれば，失業は国内有効需要の増大によってその大部分を解消できよう。開放経済では，それも市場がEUだけでなく，グローバルに拡大し国際化されているところでは，企業は市場「参入」だけでなく「退出」のオプションも積極的に活用することになる。「退出」を回避しようとすれば，つまり雇用を維持しようとすれば，需要面ではなく供給面の改善，直接的には労働条件の切り下げに訴えざるをえない。しかしこの手段は明らかに近隣窮乏化効果をもつから，現在のEU地域内で容易に実現できる条件ではない。他方，財政赤字の拡大を防止するのに懸命なシュレーダー政権から，景気浮揚を目指した財政出動を期待するわけにはいかない。2002年9月の総選挙後，シュレーダー首相が財政再建計画の堅持を明らかにした途端，低迷を続けていた株価がさらに下落したように，ドイツ経済の見通しは暗い。ドイツ大企業の業績不振や経営危機が目立ち，多くの業界は産業再編成と経営合理化によってこの苦境を乗り切ろうとしている。

産業再編成は，大手銀行が保有する持ち合い株式の売却によって促進されている。たとえば2002年12月，ドイツ銀行は，食品・砂糖大手ズュートツッカー社の株式の一部を売却したほか，再保険大手ミュンヘン再保険会社の保有株式をすべて売却した。さらに自動車大手ダイムラー・クライ

スラー社，機械大手のリンデ社などの保有株式も売却を予定している。またドレスナー銀行も，不動産子会社であるドイッチェ・リュプケ社，オンライン商取引子会社のドイッチェ・アラゴ社の株式を売却した。これら主要銀行が保有株式を売却する理由は，第一に，売却益を原資として自社株買いを進め，資産効率を改善するためである。主要銀行の 2000 年第 3 四半期決算を見ると，ドイツ銀行，ヒポフェライン銀行，コメルツ銀行が赤字を計上したように，収益状況は株価低迷を反映して芳しくない。周知のように，ドイツの銀行はユニバーサルバンクとして，株式保有比率が高かった。そのため，アメリカ，欧州，日本など主要国の株価が低落すると，これらユニバーサルバンクの資産は軒並み減価し，資産効率が大幅に低下したのである。また，ドイツ銀行とドレスナー銀行との合併構想は，2000 年 3 月結局は実現しなかったが，実現の暁には，およそ三分の一の従業員が合理化のために解雇される予定だったといわれている。このように主要銀行は，保有する持ち合い株式を整理するだけでなく，経営合理化によって自らの体質強化に必死なのである。第二の理由は，2002 年 1 月法人向け株式売却益課税が廃止されたことによって保有株式の売却が容易になったことと，2005 年から時価評価をベースにした国際会計基準が欧州諸国に導入されることが背景となって，保有ポートフォリオの再構成を図るためである。

2000 年 3 月，鉄鋼・機械メーカー，マンネスマン社は，兼営する携帯電話事業にからんでイギリスの携帯電話会社ヴォーダホン・エアタッチ社の敵対的買収によって，実質的に解体されてしまった。また，建設大手のホルツマン社は，1999 年シュレーダー首相の直接介入で救済され話題になったが，2002 年 3 月ついに倒産した。さらに，メディア最大手のキルヒ・グループが 2002 年 4 月経営破綻したことも特記されてよい。

そのほか 2002 年に，ドイツの業界再編問題を賑わせたのは，通信大手のドイツ・テレコム社である。ドイツ・テレコム社監査役会は，業績不振と株価下落の責任を問い，2002 年 7 月，ゾンマー社長の解任を決定した。ゾンマー社長は，アメリカ型の経営手法を導入し，株価上昇を前提にアメリカで重用されてきた株式交換方式によって，つぎつぎに企業買収を行って拡大路線を維持してきた。しかしアメリカの IT バブル崩壊が株価の低

第4章　ドイツのコーポレート・ガバナンス　　　101

第5図　持ち株　万歳！

出典）　Das Beteiligungsmodell der Telekom: Ein Börsenspiel ohne Risiko, Frankfurter Allgemeine, 29. Sept. 1997.

下を招き，拡大路線に急ブレーキがかかった。その結果，有利子負債が膨張しただけでなく，買収先企業の評価損が加わり，業績が急激に悪化（2002年1-3月期は18億ユーロの最終赤字）したのである。ドイツ・テレコム社は，通常の社員株式割り当て以上に魅力のある持ち株方式を開発したことで知られている。この方式を紹介したドイツの新聞フランクフルター・アルゲマイネ紙（1997年9月29日号）は，持ち株モデルの安全性を象徴した漫画を掲載している。細い丸太にも拘わらず，両手をポケットに入れて軽々と歩く人々（社員）には下に張られているセイフティ・ネットが不要のようだ。

　その内容は，株式の40％割引販売と株式優先割当権付きという魅力の他に，スイスの銀行UBSがアイデアを提供した持ち株モデルである。簡単にいえば，社員は300マルクを支払って，1500マルク相当のテレコム社株式を手に入れる。差額1200マルクはUBSの信用供与で賄われる。テレコム社は，社員一人ずつに300マルクの補助金を支払う。社員は全員で持株会社を創設し，そこに株式をプールし，これをUBSに預ける。

UBSは，この株式を使って取引や賃貸することができる。社員への無償信用供与を賄うため，社員株に対する配当はない。しかし株主総会で議決権を行使することはできる。社員が支払った資本は，元本補償つきでUBSに6年間凍結される。6年経過後，社員は保有株式を売却できる。その時点で株価が2倍に値上がりしていれば，当初UBSから供与された1200マルクの信用を差し引いて，1800マルクが社員の手許に残ることになる。

　しかしドイツ・テレコムの経営失敗は，アメリカ型のグローバル経営が内包する弱点，つまり資本市場を通ずるコントロール機能を万能視したときの落し穴にはまったものといわざるをえない。株式市場や企業買収に依存した経営手法は，株価の変動とともに業績が大きく変動するリスクをもっていたのである。ドイツ・テレコム社は，2003年末までには非中核事業資産を85億ユーロ（約1兆400億円）分売却する方針といわれ，株式もその中に含まれているといわれる。

　戦後ドイツの企業経営は，日本の大企業と同じく間接金融依存型で，銀行による業績モニターが機能し，清算圧力がつねに（重く）のしかかっていた。したがって経営者は，インサイド・コントロール・システムに起こりがちなモラル・ハザードに陥ることがなかったのである。しかし，ドイツ政府が約43％を出資するドイツ・テレコムの筆頭株主であることに留意すると，他の大株主はドイツの大手銀行であろうから，銀行がモラル・ハザードに陥り，株主としてのモニター機能は，実質的な「株式持合い」で塞がれてしまっていたといえる。また，前述したような有名大企業が経営破綻をしたことは，およそ80年代までの銀行との強い協力関係が，グローバル化につれてもはや有効ではないことを示唆している。そのことは先に図示した経営参加モデルが妥当しなくなってきたことを意味している。経営参加モデルにおいてSは株主であり，株主の主体は（個人もあるが）大部分が銀行や他の事業会社である。そこで成立した「株式持合い」の安定的関係は，同時に，株主（銀行）による経営者のコントロールであった。しかし株式譲渡益課税の撤廃を機に，「株式持合い」関係が薄れるにつれて，銀行による企業支配の時代は終わったといえるのである。

3　ドイツのコーポレート・ガバナンス改革

経済統合の拡大と深化，ユーロの導入，企業の多国籍化，グローバリゼーションといった要因が，1990年代，ドイツの経営者をとり巻く環境を大きく変化させてきた。国境を越えた資本移動，とくにアメリカ資本のヨーロッパ向け投資拡大に伴い，ヨーロッパ統合市場を舞台にグローバル企業の競争が激化している。競争は，製品の質や価格にとどまらない。企業経営の視点からは，企業間ネットワークを可能にする法的枠組みや制度の整備が，競争を有利に展開できる条件である。会社法，資本市場法の改正に関連して，1998年ドイツでは「企業分野におけるコントロールおよび透明性のための法律」が制定された。この法律は，直接的には，前節2.2(3)で例示したような企業破綻の頻発を防止し，企業経営のコントロールと透明性を高めることを意図したものであるが，間接的には，ドイツのコーポレート・ガバナンスの国際的レベルを改善する効果をもっていた。具体的には，アメリカ型に対応できるようなドイツのガバナンス・モデルを構築しようというのである。

　アメリカ型ガバナンス・モデルは，伝統的には，株主によって選任された取締役の合議体である取締役会が会社の業務執行を行う。つまり，取締役会の任務は，経営の基本方針の決定および経営に対するコントロールである。これをマネジメントの組織として見れば，経営の「監督」と「執行」の権限を併せ持つ一元的ガバナンスといってよい。しかし，現実には，執行の権限は取締役会で選任された役員に委ねられており，最高経営責任者（CEO）を中心にした業務執行体制となっている。規制緩和や競争激化に対応する必要から，経営者の裁量権が拡大すると同時に，業務執行者である執行役によって決定できる経営事項が広範に認められてきたのである。そこで取締役会は，「監督」と「執行」の権限を分離し，自らは監督機能を十分に果たすことになった。そのため，指名委員会，監査委員会，報酬委員会など各種委員会を設置し，これら委員会と連携することによって監督機能を強化してきた。

ドイツのトップ・マネジメント組織は，すでに明らかにしたように監査役会と執行役会が完全に分離した二元的ガバナンスである。その意味でアメリカ型の一元的ガバナンスと基本的に異なっている。では，何故ドイツは，前述したように，アメリカ型に対応できるようなドイツのガバナンス・モデルを構築しようとするのであろうか。端的に言えば，監査役会の監督機能をさらに強化し，株主のみならずすべてのステーク・ホルダーに対して透明で公開の経営を行うためである。2000年5月，シュレーダー首相は，政府委員会を設置し，資本市場の国際化に適合するコーポレート・ガバナンスの法的枠組みに関して提案するように求めた。バウムス(Baums, Theodor)教授を議長とするこの委員会は，2001年7月に最終報告書を，さらに2002年2月にはドイツ・コーポレート・ガバナンス・コードを提出した。最終報告書のうち立法提案の部分は，2002年7月「株式法および貸借対照表の透明性および公開性に向けさらに改革するための法律」として制定された。このように，ドイツのコーポレート・ガバナンスの改革は，透明性と公開性をめぐって急速に展開されている。

これは，グローバル化の進展により，国内的にも国際的にも，会社は誰の利益のために経営を行うのか，株主の利益のほかに従業員の利益および公共の福祉をどこまで考慮するのかといった情報を的確に提示することが，経営戦略上不可欠であることを示している。公開性と透明性を尊重するコーポレート・ガバナンスが，21世紀の企業経営の基本となることは確実である。その意味で，わが国企業はドイツの改革の方向と進め方から多くの教訓をえることができる。

第Ⅱ部

ドイツ経済政策の思想

第5章
社会的市場経済の思想的背景

　戦後ドイツの経済と経済政策を推進した社会的市場経済の原理を理解するには，社会的市場経済の考え方がどのような思想史的淵源をもち，どのように発展してきたかを正確に知る必要がある。しかし正直言って私は思想史の専門家ではなく，文献精査も哲学史的究明もできない。ただ一つ，私に社会的市場経済の思想的背景を尋ねることの重要性を示唆したのは，年刊誌 Ordo である。Ordo は，戦後間もない 1948 年 8 月，第 1 号がドイツで出版された。その後毎年一冊，その時々の重要な論題を社会的市場経済の視点から論じて現在に及んでいる。因みに創刊号は，W. オイケンの序文「混乱と停滞の狭間で」(Zwischen Chaos und Stagnation) で始まり，ハイエク，ミュラー・アルマック，レプケ，ベームなどが論文を提供している。私は本書を上梓するにあたり，Ordo 各巻に収められている思考にできるだけ深い関わりをもつように努力した。それから得られた歴史認識として，以下の三つの思想が，社会的市場経済を理解し解釈するうえで有用であると思う。それらは，スコラ哲学（トーマス・アクィナス），道徳哲学（アダム・スミス）および歴史主義（フリードリッヒ・リスト）である。そのうち歴史主義を除いて，知的発展の起源はドイツではない。しかしこれら三つの思想は，長い過去から現在への推移の過程で，ひとつの観念を生み，それが戦後，心に思い浮かべられたもの以上の実在的な力としてドイツ（の知識人）に働きかけた。この実在的な力は，歴史意識がもたらす迫力といってもよく，ドイツという舞台に社会的市場経済の支柱を打ち込んだのだと私は考えたいのである。

（1） 自由と正義と社会秩序

古代ギリシャでは，周知のように，市場での取引や貿易が盛んに行われていた。したがって，市場取引への参加がどこまで正当化されるかという倫理的問題を，ギリシャ哲学が対象としたとしても，別に驚くには当たらない。古代ギリシャの哲学と社会思想[1]は，当時も今も，自由社会の理想形成の原型といえるのである。アリストテレスは，この問題についてひとつの楽観的な判断を示している。ひとは誰でも，共同体（ポリス）に所属することによって至福を求めるのだから，個人が幸福を求めることと社会の平和とは相互に矛盾しない，という判断[2]がそれである。アリストテレスは，人間は本来ポリス的動物であるという立場から，その「政治学」において，① ポリスの形成，② 共産制批判，③ 近似的完全国家について考察している。ポリスの形成では，家族，村落から始まって，善の秩序に合致した自足共同体としての国家（ポリス）の成立を，共産制批判では，個人財産保証の重要性をあげている。上手なやり繰りは，アリストテレスにとってひとつの美徳であった。また，近似的完全国家では，財貨の中庸な配分と，市民の自由，平等，正義の重要性が強調されている。こうしたアリストテレスの「自由」の考え方は，その後トーマス・アクィナスによってスコラ哲学のなかで取り上げられ，社会的市場経済の思想の源流となるのである。

トーマス・アクィナスの偉大な功績[3]は，キリスト教とは根本的に異なると考えられていたアリストテレスの哲学を見直し，キリスト教の教義にとって大きな利用価値をもつものと位置づけたことである。ギリシャ人，アラビア人，ユダヤ人によって，それまで蓄積されてきた思想と学問を体系化し，その成果をゲルマン人やラテン人にもたらしたことである。実は，

---

1) アリストテレスに関する研究書および啓蒙書としては，牛田徳子（1991），G. E. R. ロイド（1973），今道友信（1980）を参照。
2) アリストテレスは，国家（ポリス）を単なる自然的共同体ではなく，人間が到達可能な「最高善」，つまり「幸福」を実現する倫理的，合理的基礎と考えた。これが，政治学こそ最高の倫理学というアリストテレスの政治的現実主義と，ダイナミックな目的論的世界観を生み出すことになる。
3) トーマス・アクィナスに関する研究書および啓蒙書としては，稲垣良典（1970），（1979）を参照。

第5章 社会的市場経済の思想的背景

アリストテレスの哲学は，伝統的なキリスト教の教義や信仰と相容れないと考えられていた。しかしトーマス・アクィナスは，神の恩寵によって自然が完成する[4]，つまり人間本性，社会，国家などの「地上の国」が，神の恩寵によって完成するという楽観的な思想を展開したのである。これは，トーマス・アクィナスがアリストテレスと同様に，人間の社会性を自然的事実として認めたことを意味している。

中世の経済思想は，道徳哲学の一分野として捉えられていた。したがって議論される経済問題は，現代の経済学が問題とするような経済システムの機能を問うのではなく，経済行為の合法性・非合法性を問うことであった。個人財産の保有は配分的正義の視点から，公正な価格での取引や市場取引は交換的正義の視点から，その正当性が議論されたのである。スコラ学者は，希少性，有用性，主観的望ましさという三つの要因から価値の概念を構成したが，価値理論を構築するには至らなかった。彼らの関心は，これら三つの価値の概念から，何が正しい交換かを議論したのであった。ここで注意すべきことは，スコラ哲学のいう正当性が，給付と反対給付の同等に基づいていること，そしてこの正当性の規準から，各種の独占力に反対する競争的な価格形成の重要性が導かれ，インフレ的価格変化に対する厳しい批判が生まれたことである。給付と反対給付の同等は，売買においては売り手と買い手の均等な取引を意味したのであり，貸借においては，利子の授受を含む均衡の成立を意味したのである。独占を罪悪とみなしたのは，独占が自由を抑圧し，希少性を人為的に作り出すことによって高価格を生み，独占利益という不当な利得をもたらすからである。

トーマス・アクィナスが生きた13世紀半ばは，都市が急速に発展し，商人階級が幅広く興隆した。いうなれば社会全体がダイナミックに刷新された時期である。トーマス・アクィナスも，ナポリ，ケルン，パリ，ローマを自由に往復したが，それは新しい時代変化の予兆を確認し，新しい時代の思想的要請に応えるために，きわめて有効だったと言えるであろう。トーマス・アクィナスが，異教の哲学と考えられていたアリストテレスの

---

[4] トーマス・アクィナスの『神学大全』(第1部第11問題第8項) には，「恩寵は自然を廃さず，むしろそれを完成する」とある。

政治哲学を，自らの考えのなかに包摂したことは，人間の政治生活の意味を積極的に解釈することを意味していた。すなわち彼は，政治生活をアウグスチヌス的な「堕落からの救済」ではなく，神の「創造の秩序」への参加として積極的に捉えたのである。こうしてひとつの意味のある全体の中で，すべての部分領域が共同で作業するという，スコラ哲学の秩序 (Ordo) の考え方が生まれたのであり，調和的な経済・社会秩序の構図のなかで，規範的な正当性の実現が尊重されることになったのである。この考え方は，社会的市場経済が尊重する秩序の優位に通ずるものである。

(2) 共感と市場の機能

アダム・スミスの経済学には，道徳哲学者としての彼の考え方が多く含まれている。たとえば1776年に公刊された『国富論』が，1759年初版の『道徳感情論』と密接に関連していることは，経済学説史の多くの専門家が指摘するところである。スミスは人間の共感を重視した。彼のいう共感は，利己的な諸個人の間で，各人の行動を社会的に承認する感情である。個人の共感があってはじめて，自律的な社会秩序が生まれることになる。市場参加者の一人ひとりが，道徳的感情をどのくらい多くもっているかを検査するため，彼らを市場参加者から観察者の立場に移すことができれば，誰にも共感の大切さが分かり，市場参加者の利己心が制約されることになると，スミスは考えた。『道徳感情論』第4版 (1774) には，「あるいは，人々が自然に，まず彼らの隣人たちの，そして後に彼ら自身の，行動と性格に関して判断する際の，諸原理の分析のための一試論」という副題がついている。これは，いま述べた道徳的感情の含有量検査によって，すべての市場参加者が自己反省すれば，自分自身の行動と性格とをそれぞれ判断して，市場を通ずる搾取の減少に役立つと，彼が考えたことを含意している。

「今日，私たちは，科学は没価値的でなければならぬ，という見方を強く吹き込まれ，道徳的判断という産衣を脱いだからこそ，科学は勝利を獲得したのだ，と信じている。」この文章は，K. ボールディング『科学としての経済学』[5]の第6節「道徳科学としての経済学」の一節である。これだけだと，「その通り。科学としての経済学に道徳的判断は不要だ」と読

第5章　社会的市場経済の思想的背景　　　　　　　　　111

者は速断するかも知れない。しかしボールディングはすぐこの後で，道徳的ないし倫理的命題が，いくつかの選択肢の選好順位に関する命題であること，それが一人以上の人間，つまり社会的人間に適用される「共通の価値」であることを明らかにする。そしてこういう共通の地盤がなければ，インターパーソナルなコミュニケーションも，自律的な社会秩序も，さらには科学という認識過程も生まれてこないことを明らかにする。先に述べたように，個人の利己心も，公平な他者の共感を得る限りにおいて道徳性を具備し，「共通の価値」として調和的な社会秩序を生み出すのである。

　アダム・スミスは古典派経済学の始祖であり，『国富論』によって分業論，価値論，資本蓄積論を展開するほか，重商主義批判も行った。こうしてアダム・スミスの経済思想は，その後の自由経済体制を整備するときの理論的，政策的支柱となった。また，分業の発展が，市場の拡大，需要の拡大，生産の拡大と連鎖的に発展する過程を明らかにした。こうして計量可能な，総体的厚生概念が開発されただけでなく，現代経済学でいう一人当たり実質所得に相当するものを国民福祉の尺度と考え，国民総生産の概念とその構成要素の内容を正確に示したのである。

　最後にアダム・スミスの「見えざる手」について一言しておこう。「見えざる手」が市場の需給調整機能を意味していることについては，多くの読者がよく知っている。しかしアダム・スミスの本当に重要な指摘は，市場の売り手と買い手それぞれが利己心に基づいてバラバラに行動しても，「見えざる手」の導きによって，結果的に社会全体にとって望ましい経済状態が出現することを明らかにしたことである。個人にとって合理的なことが社会にとっても合理的であるという，個人と社会との間の「予定調和」を主張したことである。ところで「見えざる手」とは誰であり，そして何なのだろうか。実は「見えざる手」は虚構[6]なのである。しかし虚構だからといって価値がないわけではない。むしろ「大有り」である。アダム・スミスは，市場に「せり人」がいたと仮定し，需給の調整を一手に引き受けたとしたら，売り手も買い手も満足する均衡が成立することを，暗

---

　5)　K. E. Boulding, *Economics as a Science*, New York, McGraw-Hill Book Company, 1970, 清水幾太郎訳『科学としての経済学』日本経済新聞社，1971年。
　6)　岩井克人（1985，p.156）を参照。

黙に仮定したのである。暗黙の仮定だから,「せり人」は当然見えない。まさに「見えざる手」である。

　これに関連して付言したいことがある。それは,なんらかの要因で価格の需給調整機能が十分に働かない場合,つまり「見えざる手」が働かない場合にはどうなるかということである。こうしたときには「見える手」(＝政府)が市場に登場し,不均衡の原因を確かめ,政策という名の意識的,裁量的な手段によって,需給を均衡させる必要がある。スミスは,『国富論』のなかで自由経済体制のもとでは,政府の役割ができるだけ小さいことが望ましいと,いわゆる「夜警国家論」を主張した。それはそれで正しい主張であるが,しかし彼は国家が無用だと考えたわけではない。事実,彼は第5編「主権者または国家の収入について」のなかで,各種税制のほか,国家のなすべき仕事を細かく示しているのである。社会的市場経済の主唱者たちは,社会的市場経済が「完全競争経済」ではないこと,したがって「みえざる手」にすべてを任せるわけにゆかないことを知っていた。自由経済体制を尊重しながら,アダム・スミスの慧眼にしたがって政府の役割を重視したのである。

(3) 国民経済の成立

スコラ哲学にしても,アダム・スミスの道徳哲学にしても,さらにいえば古典派経済学にしても,これらの教義が,ドイツで受け入れられるようになったのは,比較的遅い時期である。19世紀半ば,自由な経済・社会思想がドイツで支配的になったことは確かであるが,イギリス,フランス,アメリカでの隆盛な状況とは比較すべくもなかった。その原因は,ドイツは19世紀半ばまで,王国,大公国,公国,自由市などに分かれた分権国家であり,統一的な国民国家が成立していなかったところにある。ドイツで国民国家の議論を積極的に展開したのは歴史学派[7]である。その中心的

---

　7) 歴史学派は,リスト (Friedrich List),ヒルデブラント (Bruno Hildebrand) などの旧歴史学派と,シュモラー (Gustav von Schmoller),ブレンターノ (Lujo Brentano) などの新歴史学派の二世代に分類される。前者は,先進国イギリスの自由貿易秩序に対して後発国ドイツの国家による保護と介入の必要性を主張した。後者は,国家による社会改革の重要性を強調した。古典派経済学が演繹的方法でもって歴史を超えた普遍的理論を指向しているのに対して,これら二つの歴史学派は,帰納的方法でもって各国,各時代の個別的な特

第 5 章　社会的市場経済の思想的背景

話題は，貿易自由化，始まりつつあった工業化がもたらす社会紛争の鎮圧，経済危機を克服するための適切な政策措置などであった。歴史学派の狙いは，古典派経済学の自然主義（自然法の合理主義）によらず，歴史を相対化することによって，ドイツの置かれた個別状況を重視し，（社会主義的な方向ではなく）資本主義的な経済秩序のなかで，独自の工業化を進展させようということであった。

　歴史学派というと，誰でもリスト（1789-1846）の名前を思い出す。彼の主著『経済学の国民的体系』（Das nationale System der politischen Ökonomie, 1841）は，個人と人類社会の間に国民国家を置き，独自の国民的生産力の理論を展開するものである。国民国家が歴史的，具体的に発展してきたことは明らかであり，リストは国民国家あるいは国民経済という表現によって，ドイツという具体的な国家を意識していたのである。若年時代，ドイツ商工業同盟を指導し，ドイツの経済的統一を目指して運動したり，領邦間関税の撤廃とドイツ全体の保護関税の設定を要求するため，フランクフルトのドイツ連邦会議に請願書を提出したり，ドイツの産業構造改編のための鉄道網プランを提出するなど，リストの活動範囲はきわめて広く，したがってリストの生涯は波瀾に富んだものであった。しかしそれでいて，ドイツ国内市場の形成を重視する彼の主張は，つねに首尾一貫していたのである。リストは，ドイツという独自の国民経済の工業化を目指したのであった。リストは，それを先進国イギリスの利害に沿う古典派経済学（自由貿易論）によってではなく，後進国ドイツの国民的統一を実現するために，生産諸力の生産を可能にする理論（国民的生産力の理論）として考究したのであった。具体的内容は，国民的規模での分業の形成と，保護関税システムの樹立である。リストが早すぎる外国への門戸開放に反対したのは，イギリスとの競争でドイツの産業が崩壊してしまうことを懼れたからである。完全な自由貿易は，育成関税を土台にドイツの経済発展がより高次の段階に到達して初めて可能という保護主義的主張のなかに，リストの発展段階説の真髄が見られる。

　リストの発展段階説が広まるにつれて，ドイツではイギリスの古典派経

殊性を重視する点で共通している。

済学のような理論的分野ではなく，むしろ保護主義ないし重商主義的指向のもとで，経済・社会諸制度の歴史的発展を包括的に分析する試みが進められた。とくにフランスとロシアの経済政策の方向が，ドイツの発展方向と抵触する可能性が生まれたことと，イギリスの穀物法廃止運動が，東ドイツ・ハンザ都市の分業体制に影響を与えることが明らかになったからである。しかしこうした方向への発展が，競争的市場のもつ基本的メカニズムへの理解を失わせてしまったことは否めない。

1848年の3月革命は，プロイセンには憲法を，ドイツには統一を与えたいという，ドイツ自由主義の希望が裏切られたという意味で，リストの理論ならびに政策を実現させる方向とは逆の方向に，歴史が進んだといってよい。ドイツでは，その時々の支配的な社会状況によって特徴づけられる，いくつかの経済危機が発生した。マルクスとエンゲルスは，1848年の『共産党宣言』において，資本主義がもつ社会革命力を称えながら，他方で階級闘争に基づく市場経済システムの崩壊を予言したのであった。19世紀半ばドイツを襲った経済不況と政治危機は，危機に対する市場経済の抵抗力が弱いことを示したし，労働者問題を解決できないことを明らかにしたため，人々に悲観的見通しを与えてしまったといえる。ただその後好況の到来によって，ドイツの工業化は新たな局面を迎えた。当時，泡沫会社が乱立したが，それも封建的な社会構造から開放された結果とみなされたし，自由な営業は，特定の社会グループが経済的，社会的に発展する可能性を勝ち得たものと考えられたのである。

1871年の第二帝政の成立は，統一的な国民経済を実現したことで，政治面だけでなくドイツ思想史にとっても大きな変化をもたらすことになった。古典派自由主義のドイツ・マンチェスター学派の没落に代わって，国家を経済と相互補完的にとらえ，国家の社会福祉機能を積極的に評価する新歴史学派が台頭したからである。新歴史主義のリーダー的存在であったシュモラーは，マルクスやエンゲルスのように，階級闘争によって社会変革を成就するという考え方には同調しなかった。また彼は自由経済理論を否定し，1871年設立された社会政策学会（Verein für Sozialpolitik）を舞台に，歴史学派理論と政策問題を精力的に展開した。彼は，社会問題の政策的解決が，市場経済の調整機能による解決と一致するという形で，問題

をとりあげることはしなかった。むしろ経済の動きに国家が介入し，分配の不平等を正義の規準から是正することによって，階級対立を調停することを提案した。1880年以降，大社会改革が実施されたが，この改革の基本的内容は，彼の提案に基づくものである。当時導入された健康保険，労災保険，年金保険の内容は，現在でも，ドイツ社会政策の高い福祉指向を示すものと考えられている。

このように，社会政策を意識的に市場から国家の手に移す努力がその後も続けられ，20世紀初頭以降，国家による社会保障システムとして広がりを見せることになった。市場経済の誤った動きに対して，市場自体の矯正能力に任せるのではなく，国家が内部に踏み込んで修正していく必要性は，社会的市場経済に継承されたのである。

そこで第6章以下では，社会的市場経済の理論的，実務的発展に貢献したワルター・オイケン，ルードヴィッヒ・エアハルト，フリードリッヒ・フォン・ハイエク，アルフレッド・ミュラー＝アルマックの四人の業績を中心に，戦後ドイツの経済政策と経済運営に関する思想的枠組を考察することにしたい。オイケンは，フライブルグ学派が標榜した新自由主義の概念を理論的に精緻化した。エアハルトは，経済相および首相として戦後の西ドイツに「奇跡の成長」をもたらしたが，同時に経営学および社会学の視点から，社会的市場経済の政策的意義を明らかにした。ハイエクは，1974年ノーベル経済学賞の受賞者であり，とくに社会哲学と社会思想に多くの業績をもたらした。ミュラー＝アルマックは，「社会的市場経済」の名付け親であるだけでなく，文化社会学の視点からエアハルト経済政策を補佐した。このように，社会的市場経済をめぐる四人の関心と活動範囲には差異がある。しかし彼らは戦後のほぼ同時代を生き，協同してドイツに望ましい経済秩序をもたらし，優れた経済政策の実績をあげた点で共通している。

第6章
オルドー自由主義

1　フライブルク学派

1930-40年代，フライブルク大学で自由な経済・社会秩序という基本問題を研究していたW. オイケン[1]，F. ベーム，H. グロスマン＝ドェルトなどの学界活動を，大学の名に因んでフライブルク学派と呼んでいる。彼らの主たる関心は，人間にふさわしく経済的に実りの多い生活が進展する経済・社会秩序を，どのようにして作り上げていくかであった。彼らは，終始一貫，秩序の生成，内容，機能に強い関心をもつことを念願し，研究し続けた。そして，秩序という言葉のラテン語であるオルドー（Ordo）を，自分たちが信奉する自由主義に冠して，オルドー自由主義とよんだのであった。その意味で，フライブルク学派はすなわちオルドー自由主義者たちの集まりなのである。

(1)　オイケンと「方法論争」
社会的市場経済の原理の確立という大きな仕事を成し遂げたフライブルク学派を知るためには，まずオイケンが「方法論争」にどのように関わったか知る必要がある。「方法論争」は，オーストリア理論学派のメンガーと，

---

[1]　オイケンの主著である『国民経済の基礎』は，本章で考察される経済政策の論点を提供しただけでなく，秩序の考え方，方法論をめぐる論争にメドをつけたという意味で重要な文献である（Eucken, 1940）。

ドイツ歴史学派のシュモラーとの論争が，経済学研究のあり方を前面に押し出したことで知られているが，実はドイツ語圏の諸大学で，19世紀後半より延々と続けられてきた論争であった。その結果，ドイツの経済学は，方法論をめぐって四分五裂となり，経済学研究の政治的，社会的意義が失われる懸念すらあったのである[2]。とくにシュモラーの弟子や講壇社会主義者が，第一次大戦後の激しいインフレーションの原因を的確に分析できない事実を見て，オイケンは，理論を軽視する歴史学派たちの名望今やなしと判断したのであった。オイケンは，1923年「ドイツ通貨問題に関する批判的考察」という論文を発表したが，それは決して偶然ではない。彼は，権威ある専門家たちの多くが，インフレーションの原因について誤った見方をしており，そのため正しい通貨政策措置をとることができないでいると判断して，論陣を張ったのである。さらにオイケンは，第一次大戦後のインフレーションに関する歴史学派の政策的無能ぶりを攻撃し，1934年には「資本理論から見た考察」という論文によって厳しく弾劾している。歴史学派糾弾の動きは，その後3人の編者（オイケン，ベーム，グロスマン＝ドェルト）による叢書「経済の秩序」の発刊によって続けられた。たとえば1938年の論文「経済学は何のためにあるのか」のなかで，「方法論争」が解決されて初めて，経済学の実際的価値を高めることができると主張し，第2次世界大戦勃発直後に出版された『経済政策の基礎』の序論において，「方法論争」の克服によって，経済学研究の実り多い応用の道が開かれることを期待したのであった。以上のように，オイケンの歴史学派に対する攻撃はきわめて執拗であり，また評価はきわめて厳しかった。したがって，オイケンのこうしたやり方や判定について，ドイツでは賛否を

---

　2) 1883年メンガー（Menger, 1883）が方法論に関する著作を出版し，そのなかで歴史的方法を批判した。この著作をシュモラーが書評することによって，いわゆる「方法論争」という不毛な論争が始まったのである。オーストリアの大学およびいくつかの南ドイツの大学研究者たちは，メンガーと同じく，経済分析は時間，空間を超え，普遍的に妥当する公理に基づいて行われるべきだと主張した。その根拠は，イギリスの古典派経済学の伝統か，19世紀末の新古典派による限界効用学派の理論である。これに対して，ドイツ帝国とくにプロイセンの大学における学問上の主張は，シュモラーと同じく，経済学はそれぞれの経済生活が示す時間的，空間的独自性を明らかにすべきこと，つまり歴史学派に与し，普遍的に妥当する経済理論に強く反論したのである。ただ両者の論点には，その置きどころにずれがあり，批判の激しさに比べて学問上の収穫はそれほど大きいものではなかった。

含め，いろいろな意見が生まれることになったほどである。

　何故，オイケンは歴史学派に対してこのように激しい敵意を抱き，厳しく論難したのであろうか。彼は，経済社会が歴史法則にしたがって動くという運命論的な考え方を否定する。彼は，マルクスの歴史哲学も，シュモラーの歴史的，個別的発展も認めない。彼はまた，古典派自由主義の考え方，つまり経済的自由が確立されさえすれば，必然的に最善の経済的，社会的秩序が生まれるという考え方にも批判的である。つまりアダム・スミスの自由放任だけですでに「自然的秩序」が出来上がるという考え方を疑問視する。むしろ彼は，経済秩序を意識的に創りあげることを意識したフランソワ・ケネーに親近感をもっていたと言える。オイケンはじめ，オルドー自由主義者たちの眼からすれば，経済秩序は，それぞれの歴史状況のもとで秩序政策が実施されるという要請と，経済政策を歴史法則がもつ運命論から解放する要請に応えなければならない。そして何よりも重要なとは，こうした二つの要請に応える経済秩序は，自由で責任のある選択[3]がすべての経済主体に保証される経済社会ではじめて可能になるということである。

(2) 自由と競争

オイケンやベームに従えば，人間にふさわしく経済的に実りの多い生活は，自由な秩序のなかでのみ実現する。では自由な秩序とは何であろうか。まず自由について。個々人が所有する自由は，個々人の生活目標を追求するために必要な行動空間全域に及ぶと考えられる。つぎに秩序について。自由が個人の行動空間全域に及ぶとなると，個人の自由をめぐって対立，闘争をひきおこすことになろう。その調整は法的規制に任せるほかない。法

　3）　原理的な選択の自由に言及すると，そうした自由を保証する秩序政策は一体どんな理想を追求すべきなのかが問題になろう。興味深いことにオイケンは，アダム・スミスの自由放任が生み出す「自然的秩序」の対応物として，「工業化された現代世界で役に立つ秩序」を理想にあげた。そして注目すべきは，この規範的秩序概念が二つの局面をもっているとして次の二点を指摘したのである。第一は財の不足が生じないように産業社会の生産能力を維持すること，第二は分業が進展するなかで，人間らしいそして自己責任の求められる生活が保証されることである。これら二点は，戦争直後のドイツの経済的現実を強く反映している。オイケンが現世に蘇ったとしても，同様の二点を指摘するとは考えられない。

的規則は，個々人の利害を調整する枠組みだからである。この枠組みが確立されることによって，他人に損害が及ばないように自由の乱用が妨げられる。このように自由は，個人の権力によっても，また国家の権力によっても脅かされるから，国家は二つの対向的な要請を相互に結び合わせなければならない。こうして自由な秩序が生まれる。すなわち一方で国家は，個人的権力の乱用に対する個人的自由の保証人なのであり，他方で国家は，統治権に基づく権限，つまり個人の自由を侵すことができる権限を必要とするのである。

　オルドー自由主義と古典派自由主義との違いは，自由の社会的機能の捉え方にある。オルドー自由主義は，自由はこれを放任すればやがて社会的ジレンマを招く内在的性向をもっていると考える。古典派の自由は自由放任であるから，時間の経過につれて社会がジレンマを内包するようになるに違いない。いったい誰がこのジレンマを解決するのであろうか。古典派は，政府を夜警としその役割を最小化したが，オルドー自由主義は，積極的に政府に一定の役割を与える。そして政府がこの社会的ジレンマをどのように調整できるのか，またどのように調整すべきかについて議論する。オルドー自由主義者たちのこうした主張は，19世紀末から20世紀前半におけるドイツの苦しい経験と，歴史主義に対する反省を含む一般的認識の産物なのである。

　まず苦しい経験についていえば，とくに1920年代のドイツの政治的，経済的，社会的危機はきわめて深刻であった。第一次大戦後の経済的困窮と社会的不安定が，市場による調整や，市場の自己制御能力への信頼をぐらつかせ，挙句の果て，政府権力への盲従を招いたのであった。市場の調整能力への不信（自由放任への不信といってもよい）が，結果的に政府が前面にでる，国家社会主義という中央計画管理経済を生み出し，第二次世界大戦の遠因となった。つぎに一般的認識についていえば，市場経済では，価格が需給の調整メカニズムとして働くから，市場参加者は需給いずれの立場であろうと，その市場に関心をもつひとであれば誰であってもよい。大げさにいえば，身分・門閥に関係なく，匿名であってよい。しかし雇用，賃貸借契約，債権・債務関係などがそうであるように，長期間にわたる取引は，期間が長くなればなるほど，また量が増えれば増えるほど，その関

係を他の誰とでも容易に置き換えられるようなものではなくなる。つまり，匿名の取引ではなく，誰が相手であるかを知った人間的，社会的性格を帯びてくる。市場経済は万能ではない。オルドー自由主義が重視するのは，自由な市場経済におけるこうした「社会的」意味である。

　競争するだけでは，社会全体を統合することができないし，社会全体を共通の考え方に導くこともできない。また，競争だけで，一つの社会に必要な共通の価値規準を与えることもできない。激しい競争は，資源の最適配置を実現するとはいえ，同時に苦痛と感じさせるほどの孤立感をひとに与えるかも知れない。人間を消費者や生産者として機能的に捉えるだけでなく，人間を社会的存在として捉える視点が必要になってくる。その場合，各個人が，人間として組み込まれる自由な秩序が成立してはじめて，社会に対する不信を除去できるのではないか。オルドー自由主義者たちは，自由と競争について考察を重ね，ひとつの概念を生み出した。その核を構成するのが社会的市場経済[4]なのである。

2　競争が生み出す秩序

(1)　ベームの効率競争

個人の権力と，国家の権力を制約するという問題について，オルドー自由主義者たちは，競争が生み出す秩序こそ，この問題を解決する鍵だと考える。彼らの問題意識と考察の範囲は，このようにきわめて広範であり，自由経済における個人の権力の問題から社会における権力一般にまで及んでいる。

　競争秩序のなかで，各経済主体の自由な活動が，最終的に均衡を生み出すことになろう。ただ，競争はひとりでに生まれるものではないし，競争をそのまま放置しておけばよいというものでもない。自由放任の考え方は，ゲームのルールをめぐる争いも，競争の枠組みの決定も，数量と価格をめ

---

[4]　中世のオルドーの考え方は，多様な個々人がバラバラのままでなく，一つの全体に向けて意味のある統合を実現することであったが，それはまさに人々が社会的に生きることを意味している。

ぐる日々の競争も，すべて個人の判断に任せるやり方であるが，これは社会的に有効ではない。というのは，自由放任は，結果として経済の独占を生み，利害関係者による政策への影響も手伝って，企業や国家の権力を不当に肥大化させるからである。そこでは競争の機能が麻痺してしまっている。全体主義が支配している場合であれ，民主主義が完全雇用政策を主張する場合であれ，その成果がいずれも小さいのは，競争によってではなく，政府が政策的に介入し，経済過程をコントロールするからである。産業の時代，技術優先の時代，都市の時代，そしていかなる時代にあっても，政府が経済過程それ自体を動かすことはできない。現代の分業社会における秩序問題に対して，オイケンはその答えを「競争秩序の政策」のなかに見出し，秩序政策に関する政府の仕事は，競争を保持することだと言い切った。

またベームは，彼の教授任用資格論文「競争と独占の闘い」(Wettbewerb und Monopolkampf) において，社会にとって望ましい競争と，望ましくない競争とを区別する基準[5]として，効率競争 (Leistungswettbewerb)[6]をあげている。そして効率競争が支配している場合のみ，企業の競争は消費者のためになるといっている。ベームのいう効率競争とは，市場参加者に対する法的規制や市場条件が，すべて等しい経済秩序のもとで行われる競争のことである。たとえば，政府がある具体的な政策目標を実現するために，市場に裁量的に介入したとしよう。市場参加者は戦略の変更を余儀なくされ，その結果，ある参加者は有利に，別の参加者は不利になるので，市場条件は等しくなくなる。したがってこの場合には効率競争は成立しない。

(2) 秩序政策に則った全体決定

オルドー自由主義者たちは，19世紀の自由放任と異なり，国家（政府）

---

[5] ベームの博士論文は「独占者とアウトサイダーとの戦い」(Boehm, 1928) であり，教授任用資格論文は「競争と独占の闘い」(Boehm, 1933) である。その間，彼は帝国経済省カルテル部担当官であったこともあり，経済の実際の動きには幅広い知識をもっていた。

[6] ここでは文字通り効率競争と表現したが，実態は公正競争と表現した方がよいように思われる。

の持続的活動を認める[7]。国家（政府）の役割は，価格の調整メカニズムが十分に働くような制度的枠組みを持続的に提供することである。オルドー自由主義者たちは，政府が知的所有権を明確に定義し，介入措置をいっさい認めなければ，競争が自動的に機能するとは考えない。むしろ，競争が十分に行われているかどうか，政府が絶えずモニターする必要があると考える。競争過程はこれを放置しておけば，独占傾向が強まり民間諸力にも大きな差がでてくるからである。つまりオルドー自由主義者たちは，競争による個人の利益の飽くなき追求は，社会全体の利益の実現と矛盾しないという，自由放任主義の予定調和論を否定し，前項で述べた効率競争（公正競争）を重視するのである。

　オルドー自由主義者たちの考える競争秩序の範囲は，きわめて広い。経済的秩序だけでなく，社会的秩序をも含んでいる。彼らは，社会的問題も自由主義的な政策手段を用いて解決可能と考える。すなわち競争秩序の政策は，国民の物質的な要求だけでなく，社会的要求に対しても応えることができると考える。経済的な法則が貫徹されるのは，競争秩序のひとつの側面にすぎないのであって，もう一つの側面では，競争秩序が望ましい社会的，倫理的秩序を実現すると考えるのである。注意すべきことは，オイケンやベームが主張するオルドー自由主義の概念にあって，社会政策は基本的に競争秩序政策の一部であることである。たとえばオイケンは次のように言っている。「社会的利害に関心をもち，その調整者になろうとするひとは，自分の視野をいつも全体秩序の構築に向けるべきだ。一般的な秩序政策によって，社会的問題が残らないように努力しなければならない。努力にもかかわらず，社会的問題が残っている場合には，まず，その問題が，何か別の領域の政策がもたらした二次的効果ではないか検討すべきで

　7）　ハイエクが，オルドー自由主義と自由放任主義の意義を明らかにするためにもっとも多くの精力を使った学者であったことは，彼の生い立ち（オーストリア）と戦中戦後の活動の場（アメリカ）を考えればよく理解できる。また彼が二つの自由主義の相違点を強く主張するよりも，どちらかといえば両者を混成した自由主義を意見として述べていたこともよく理解できる。たとえば，「自由放任について昔から言われている決まり文句は，自由なシステムの中で何が認められ，何が認められないかを区別するのに適当な基準を提供してくれない。自由な社会をもっとも効率的に動かすことを可能にする制度的枠組みの中で，広範な実験が行われ社会が改善されるのである。」(Hayek, 1960, p. 231)

第6章 オルドー自由主義　　　123

ある。」このようにオイケンにとって，秩序の構築が最重要の政策課題であった。経済政策も社会政策も，秩序の構築に向けられるべきだという意味で，彼のいう経済政策と社会政策の区別は，それほど明確ではない。「社会政策を経済政策の添え物と見るべきではない。むしろ社会政策はまず経済秩序政策であるべきなのだ。」

　こうして経済政策も社会政策も，秩序政策にしたがった修正が必要だ，というのがオイケンの主張である。具体的にいえば，問題解決を可能にする競争秩序への適合である。適合という表現を使うと，政策介入による調整をオイケンも認めていたのか，と速断されやすい。しかし彼は，経済過程への介入を認知したわけではない。むしろ競争秩序を構成する諸原理が，事実として満足されているかどうか，絶えず検討することの重要性を彼は強調したのである。望ましい経済秩序および社会秩序は，一つの部分に限定した政策措置では実現できない。実現のためにはつねに，秩序政策に則った全体決定（Gesamtentscheidung）が必要だ，とオイケンは繰り返し述べている。彼がこう考えるのは，社会を構成するすべての部分が相互に関連しており，経済政策は，そのどれひとつをとっても，全体の経済過程に影響を与えるからである。「この地球上で作動し，すべての人間の存在が，それに依存している経済という巨大な機構をどのように操るのか，関連するすべての部分を見渡し，その関係を知り，個々の経済的存在を理解できるひとは，どこにもいない。経済の各部分は，持続的に変化するのであるから，原理と歴史的（時間的）瞬間とを区別することが大切である。原理は変わらないが，歴史的瞬間は変転する。この原理を明らかにするのが科学の使命だ」とオイケンは考えていた。

3　競争秩序の成立

　すでに述べたように，オイケンにあっては，個人の自由が基礎にある。経済的には，個人の自由は経済秩序に現れる。競争秩序が中心的秩序原理を提供し，これによって十分に機能する価格システムが用意される。こうして現代の経済政策の主要問題への解答が用意されることになる。この中心

的秩序原理こそ，経済政策によるすべての措置の基準とすべきだとオイケンは主張する。したがってオイケンのいう秩序は，価値概念としての秩序なのである。彼の経済学は，その限りで規範的経済学である。

オイケン自身，経済理論と経済政策とを峻別していた。彼の言う経済理論は，管理システムモデルの定式化である。それに対して彼のいう経済政策は，理論的，つまり経験科学的基礎をもつ必要もあるが，さりとて特別の秩序理論が準備されているわけではない。彼の経済政策を理解するためには，秩序政策と秩序理論というように，秩序を二段階に分けて考察するのは無意味である。むしろ，彼が主著「経済政策原理」で強調した競争秩序の「構成的原理」と「規制的原理」を理解することが有用である。

(1) 構成的原理

これまでも再三述べたように，オイケンは，経済社会において競争秩序をとくに重視した。競争秩序を秩序原理の中心に置き，競争秩序がどのようなもので構成されているかについて詳細に論じた。彼は，これを競争秩序の構成的原理（konstituierende Prinzipien）と呼んだ。構成する要素はそれぞれ秩序原理を強め合うという意味で補完的である。ここで注意すべきことは，これら構成要素を個別に適用した場合には，競争秩序の確立にとって不十分であり，すべての構成要素を一緒に投入してはじめて，競争秩序が発展するものとオイケンが考えていたことである[8]。明らかにこの考え方は，前述した秩序政策に則った全体決定（Gesamtentscheidung）と密接に関連している。オイケンがあげた競争秩序の構成的原理は，つぎの5点である。

A 通貨政策の優先 オイケンが構成原理の最優先要素として通貨政策をあげたのは，安定した通貨秩序が競争秩序の確立に不可欠と考えるか

---

[8]「経済政策は，経済過程に満足な制御を与えるという問題の意味を十分に認識しなかった。とくに，経済的事実全体が関連をもち，したがって制御機構が機能するためには，それらが不可分なものでなければならぬ，ということが無視されてきた。制御機構が一般的に相互依存しているため，個々の経済政策の投入は，すべての経済過程に影響するのである。」（オイケン，1967，345頁）

第6章　オルドー自由主義　　125

らである。オイケンは，1914～23年のオープン・インフレーション，1929～32年のデフレーション，1936～48年の抑圧されたインフレーションに言及し，「通貨制度に貨幣価値の安定装置を備えつけるのに成功するならば，……競争秩序に内在する均衡への傾向が実現されることを期待しうるであろう」[9]と述べている。彼は，安定した通貨秩序を実現するために，通貨発行の国家独占を認めたが，通貨当局がどのような規則に従うべきかについて，彼は政策提言を何もしていない。どのような通貨制度が望ましいかについて，ゲストリッヒ（H. Gestrich）の中央銀行案，サイモンズ（H. C. Simons）など，シカゴ・スクールによる銀行業務分割案，グレーアム（B. Graham）の商品準備制度案が例示されるだけで，安定した通貨秩序の確立に関して積極的，具体的提言がないのが不思議である。それだけに，1950年，オイケンが59歳でこの世を去ったことを想起すると，戦後西ドイツの経済成長の二本柱となった，社会的市場経済の原理と通貨改革後の中央銀行（当時はBundesbankではなく，Bank deutscher Länderであった）の役割について，オイケンの積極的な評価が欲しかったと誰もが思うことであろう。

　通貨の国家による独占的発行に関連して興味があるのは，オイケンと親しく，同じようにオルドー自由主義者であったハイエクが，オイケンとまったく異なる意見をもっていたことである。ハイエクは，国家による通貨の独占的発行を否定し，通貨の発行も調達もすべて市場の自由競争に委ねることを提案した。ハイエクの貨幣発行自由化論[10]は，発行された通貨をすべて並行貨幣とし，市場で自由使用を認めるべきだという主張である。貨幣間の競争は，主としてインフレ率の分散または予報力を基礎に行われる。貨幣の流動性サービスを基本的に決めるのは，財・サービスではかった将来の交換価値の大きさである。したがって平均インフレ率が低くても，その分散が大きければそれだけ貨幣の信認が低下し，その貨幣を保有する動機は減退するに違いない。こうして高い信認をもつ強い通貨が，低い信

---

9)　オイケン（1967，349～350頁）
10)　F. A. Hayek, *Denationalisation of Money – The Argument Refined. An Analysis of the Theory and Practice of Concurrent Currencies*, 2nd ed. 1978, The Institute of Economic Affairs, London.,『貨幣発行自由化論』（川口慎二訳），1988，東洋経済新報社。

認しかもたない，つまり弱い通貨を駆逐するのだから，通貨発行を自由にしておけば，市場競争によって通貨が選択されるというのがハイエクの主張である。

　通貨発行をめぐる意見がこのように対照的であることについては，いくつかの背景があるように思われる。第一に，両者はともに自由主義者であるが，オイケンは政府の役割を高く評価したのに対して，ハイエクが市場の役割を重視したことである。第二に，両者とも同じ秩序政策（Ordnungspolitik）という表現を用いているが，そこで対象としている秩序は，内容，関心ともに両者で異なっていることである。たとえば同じ秩序といっても，それが「経済秩序」を意味しているのかそれとも「社会秩序」なのか。さらにその秩序は与えられるのか，自分たちでつくるのか。その区別に注意するとき，オイケンとハイエクには基本的な差異があるのである[11]。具体的にいえば秩序という表現のもとで，オイケンは法秩序（order of rules）を，ハイエクは行動秩序（order of actions）を重視したというのが私の判断である。オイケンの秩序は，それぞれの社会組織のなかで個人の選択を規定するルールのシステムであるのに対して，ハイエクの秩序は，ある社会的文脈のなかで個人の多様な選択の組み合わせから生まれる行動パターンである。

　B　開かれた市場　　これは，文字どおり人為的な市場制約のない市場のことである。自由な競争を重視するオイケンの立場からすれば，開かれた市場は秩序を確立する当然の構成要素である。歴史的に回顧すると，国家（政府）は財・サービスの供給が促進されるよう，民間部門に対してさまざまな政策をうちだしてきた。しかし実態は，規制（たとえば，輸入禁止，関税賦課，免許制度などの競争制限措置）によって，保護された産業内に高度の独占が形成され，その結果市場の調整機能が十分に働かないことが多かった。その意味で，有力産業分野に対して市場の開放性を圧縮させるような権限を与えることは禁物なのである。ハイエクは，オイケンの主張をさらに深め，新古典派の自由な市場機能でも，たとえば技術革新は

　11）　第8章のハイエクの自生的秩序を参照。

競争の過程で内生的に生み出されるものだが,その市場に対するインパクトは競争制約的になりうることを示した。しかしこの種の独占現象は,政策による人為的な独占の発生ではなく,技術革新を原因とする自然な市場制約であって生産制約には結びつかない。したがって時間の経過とともに,この種の独占は消滅していくと説いたのである。またオイケンは,個別的問題として保護関税と特許政策をとりあげ,これらの政策措置が競争秩序を直接破壊するかどうか,産業における独占形成および集中への傾向を内在しているかどうかについて吟味している。そして保護期間の短縮,強制的使用許可,適当な使用料を支払うことによる生産再開の可能性など,開かれた市場のメリットを最大限に生かす工夫をしており流石である。

C　私有財産　公企業または国有企業の活動に関連して,これらの企業を競争秩序に組み入れることはできるし,また組み入れるべきだという提案[12]に対して,オイケンはこの提案を実行できない理由を詳しく説明した。その根拠として,競争秩序を実現するためには,生産手段として国有資産ではなく各種私有財産の存在が不可欠であることをあげている。特定の目標を実現するために,国有企業が存続すべきだというのであれば,それら国有企業が競争市場にどのように参加するかについてまず議論されなければならないのである。これが実現してはじめて,民間および公共資産の存続が競争秩序の前提となる。

　私有財産の存在が実質的前提であるのは確かである。しかしオイケンが問題提起をしているように,「逆に,私有財産の制度はそれだけで,競争秩序の貫徹を保証するかといえば,それは明らかに否である[13]。」なぜなら,私有財産は市場形態にしたがってまったく異なる性格をもつからである。競争秩序の構築にあたって,ある産業分野に独占が認められるとき,私有財産だけを活用するわけにはいかないケースがありうる。しかも決定

---

12)　この提案自体,21世紀のグローバルな自由経済に生きるわれわれにとって,奇異な感じを与えるであろう。しかし,オイケンが本書を書いた1950年代初期の西ドイツには,たとえばフォルクスワーゲン社(自動車)や,ザルツギッター社(鉄鋼)など,かなりの数の有力会社が国有または州有企業であった。

13)　オイケン(1967, 369頁)

的に重要なのは，私有財産の性格が実際に競争と整合的かどうかである。私有財産の保有者が相互に競争することが，競争秩序がもたらす効率の前提といわなければならない[14]。

D　契約の自由　　契約の自由は，競争が成立し機能する前提である。自由な契約なしに，生産，分配，支出といった経済の基本的過程を，価格によって誘導することは不可能である。しかし歴史的にみると，契約の自由の結果，競争が排除され，たとえばカルテルその他の独占的団体が設立されることもある。そうなると，契約の自由が競争秩序の根本的原理を破壊してしまうことになる。その意味で，契約の自由が競争秩序に役立つかどうかについては，ある限界があることも確かである。繰り返すが，競争を除去し，独占的地位を生み出し，これを保持し，利用し尽くすために，契約の自由が使われることもある。

したがって，前項の私有財産の場合と同様，契約の自由も，競争秩序を維持，推進するために割り当てられるべきである。契約の自由は，経済的権力団体を作ることによって競争秩序を破壊したり，経済的権力を行使したり，権力の乱用を保護するために使われるべきではない。その目的が，契約の自由を制約し，除去するための契約であるとき，そうした契約の自由は認められない。この点は，ドイツでは「独占禁止法」(Gesetz gegen Wettbewerbsbeschränkungen) を通じて部分的に法制化されている。

E　責　任　　「利益を得るひとは，損したときも負担しなければならない。」これは，責任について昔から伝えられてきた法の原則である。この原則は，競争秩序が支配しているところでのみ，望ましい機能を発揮する。オイケンが責任を構成的原理のひとつとして取り上げたのは，現代では，一般取引約款に見られるように，責任の範囲を小さくする傾向が顕著

---

14) 「競争秩序の枠組においてのみ，私有財産は単に所有者のみならず非所有者にとっても利益をもたらす，というしばしば述べられる命題が妥当する。そうなるのは事実，競争秩序のもつ大きな経済的効率のためであり，またさまざまな私的所有者がたがいに競争し，求職者は目前に多くのチャンスをもち，決して一方的に従属はしないということによる。」(オイケン，1967，372頁)

だからである。「責任とは本来どんな意味をもつのか。無限責任はいつ用いられ，また責任はいつ制限されるのか。」オイケンはこう自問し，競争秩序のために，責任の原理が妥当しなければならないことを強調する。企業や家計の計画や行動に責任を負うひとは，責任の範囲内で責任を保証するのである。たとえば会社法が規定しているように，株主が企業経営に責任を持たないか，また持ったとしてもきわめて制約されている場合，責任の保証が制限されても差し支えないことになる。逆に言えば，支配的なひとが保証責任を免れるようなことがあってはならないことになる。責任が持つ国民経済的機能を誤認してはならない。

オイケンは，破産法，会社法，とくに株式会社および有限会社の法形態について詳細に検討した。責任は，競争が持つ経済秩序の前提だけでなく，自由と自己責任が支配する社会秩序にとっての前提でもある。責任の制限は，国家によって管理される中央集権経済へ移行する傾向を内包している。まことに，責任は競争秩序を構成する要素なのである。

以上，5項目にわたって，オイケンの競争秩序政策の構成的原理を考察してきた。これらの原理は，具体的な歴史的状況に応じて適用されることになる。その狙いは，すでに述べたように，期待される経済秩序を発展させる条件を生み出し，構成的原理の全体的決定によって，実際に経済秩序を構成することである。しかし，5項目の構成的原理の相関性がどんなに強くても，それぞれの原理には弱点や欠陥が含まれており，全体的決定にとって不十分であるだけでなく，具体的な歴史的状況では，改善が必要になるかもしれない。オイケンが規制的原理の必要性を強調するのは，競争秩序を機能的に保つための工夫といってよい。そこで構成的原理にひき続いて，規制的原理を考察することにしよう。

(2) 規制的原理

オイケンによれば，競争秩序を具体的に検討してみると，ときとして望ましいシステムとは無縁の形態と内容をもっていることがある。こうした無秩序を避け，混乱を修正し，欠陥を改善するために，オイケンは規制的原理（regulierenden Prinzipien）の適用を追加する。一口に規制的原理といっても，その定式化の仕方はさまざまでありうるが，競争秩序の構成的原

理と関連させながらまとめておくことが便利であろう。

　A　独占の監視　独占の発生は，どの市場でも不可避に見える。オイケンは，クールノーの独占モデルから導かれる考え方に啓発され，独占の監視を重視した。オイケンは，競争秩序における独占が秩序の維持に寄与せず，むしろそれを攪乱し，危険にさらすことから，独占の監督を国家の独占監督官庁に委ねるべきだと提案している。「それなくしては競争秩序が，またこの秩序とともに近代法治国家が脅かされる」[15]と，いささか大袈裟と思われるほどの勢いで独占の害悪を述べたて，独占監督官庁の設置を説いている。この独占監督官庁の任務には，独占の解体と監督だけでなく，独占の発見，追跡も含まれる。取引拒絶，リベート，ダンピングを含む差別価格，闘争価格など，独占的行動の徴候を探知するためには，税務署に似た活動になるだろうと述べている。独占の取り締まりは，競争秩序の構成的原理の不完全な結果を修正するためである。しかし，オイケンの規制的原理に関する論述には，競争秩序を国家権力の応援によってでも確立するという気構えが散見され，オイケンの自由主義はどこへ行ってしまったのか，いささか気になるところである。

　注目すべきことは，オルドー自由主義の仲間であるF. ベームが，オイケンのこの考え方につねに疑問を表明していたことである。ベームは，1924年フライブルグ大学を卒業し，法学士として地方裁判所での実務についたが，1925年から31年までドイツ帝国経済省カルテル部の担当官であった。そして1933年に完成した博士論文「競争と独占の闘い」が示すように，経済法と市場競争の実態に精通していた。ベームは，1954年にアメリカ独占禁止委員会を訪問した後も，独占監視の考え方を修正する必要があることを主張した。その後1957年，ドイツに連邦カルテル庁が創設された。これはオイケンの理念が実ったものといえるが，ベームは連邦カルテル庁での具体的な審判を通じても，オイケンに対する反証を続けたのであった。その論拠はこうである。独占市場も，そのときどきの取引過程が具体化した結果といえる。自由が支配するところでは，その結果を事

---

15)　オイケン（1967, 398頁）

前に独占と決めてしまうことはできない。したがって独占禁止については，自由な競争過程を制限するような行為だけを禁止すべきである。事前に設定され，具体的に予想される結果（独占）を禁止するために必要な知識を，われわれは十分にもっているとはいえない。その限りで，こうした予想される結果がもたらされる行為の濫用を監視することも，自由な完全競争がもつ思考上の理念の根底に持たなければならないのである。

B　所得政策　完全競争が支配するところでは，個人所得は能力原理にしたがって決まる。個人または公共部門の恣意的な決定による配分よりも，競争過程を通じて決まる所得決定の方がはるかに優れている。この考え方を尊重して，F. ベームは効率競争に関する法律（Gesetz ueber den Leistungswettbewerb）を提案したが，連邦議会はこれを議決しなかった。ハイエクは，その後この問題に関連して「競争は効率だけに報償を与えるのではなく，運や失敗によっても評価されるものだ」と述べた。では，オイケンは規制的原理としてどのような所得政策を提示したのであろうか。彼も，完全競争の価格機構による社会的生産物の分配がすぐれていることを知っていた。しかし，社会的正義の視点で判断するとき，完全競争が支配するところでも不平等という未解決の問題が残っていることもよく知っていた。「競争秩序において行われる分配は改善を必要とする[16]。」そこで彼は，税制を通じて個人所得を修正する必要を示唆したのである。税制による所得再分配が市場取引以外のところで実現し，高額所得層から低額所得層への移転が，投資に対してマイナス効果をもつことがあることを彼は知っていた。しかしオイケンは，政府の政策介入で個人所得が決まる所得政策が，競争秩序を確立するための，ひとつの規制的原理であることを認識していたのである。

C　経済計算　完全競争が実現したときでも，化学工場の廃水が周辺地域の住民に衛生上の被害を及ぼすように，個々の経済主体の行動が全体的利益を最大化させない場合がある。競争秩序には，欠点も弱点も現れて

---

16)　オイケン（1967, 406頁）

くるとオイケンは考えていた。こうした欠点や弱点を修正するために，彼は，「経済計算」という表題のもとで別の規制的原理を提示したのであった。その中で彼は，今日われわれが環境問題とよぶ諸問題，森林の破壊やソーダ工場の活動が近隣の家計に及ぼす影響を論じた。また，今日われわれが社会問題とよぶ諸問題，幼児労働，労働時間，災害防止など労働市場問題についても論じたのである。

このことは，オイケンが環境的にも社会的にも適合した競争秩序でなければならないことを知っていたことを意味している。ぴったり当てはまらないが，オイケンは現代経済学が明らかにした外部効果の内部化を論じたのである。自由主義に則した競争といえども，規則には従わなければならない。「競争秩序においても，こういった正確に確定しうる場合には，企業における計画の自由を制限する必要がある[17]。」このように彼は，行動規則について適当なシステムが用意されることを望んだ。自由主義に則った競争は，反社会的であっても，反環境的であってもならない。しかし行動規則のシステムが不完全であれば，競争がもたらす効果も不完全にならざるをえないことから，彼は，規制的原理のひとつとして厳密な経済計算を追加したのであった。

同様の問題意識から，オイケンは，完全競争（vollständiger Konkurrenz）のもとで発生する労働供給の異常な動きについて，どのように調整したらよいかについて述べている。オイケンがいうように，競争の過程は時として，独占価格や欠落した有効競争を生み，完全競争モデルとは異なる結果をもたらすことがある。こうして実際に異なる結果が生まれてしまうと，状態はまさに厄介である。外部効果や労働供給の異常な動きをどう説明するのか。オイケンは，自由な市場過程によって，完全競争モデルが実現されるはずだと想定しているが，しかしそうではないケースも実際にはあるのだ。完全競争モデルから発展した価格に関する独占の監視について，彼は競争システムにとって必ずしも適当とは見なしていない。したがってオイケンは，異常な状態が発生することを知っていたと考えてよい。完全競争モデルが実現したいと考える経済政策が，その本来の意図に反し

---

17) オイケン (1967, 409頁)

第6章　オルドー自由主義

て，競争制限や自由抑圧といった，競争システムに逆行するような政策となることもありうる。しかし規制的原理の適用は，本質的には完備した競争モデルを対象としているのであるから，その適用がうまくいって競争をさらに刺激し，自由を保証することがありうると，オイケンは主張する。しかし完全競争での調整という表現から明らかなように，オイケンのあげる規制的原理の理論的根拠は，相変わらず不明確といわざるをえない。

第 7 章

補完性原理

補完性原理（Subsidiaritätsprinzip）という表現を初めて見るひとも多いことであろう。実は，補完性原理はすべての組織の成立，維持，発展を支える基本原理なのである。補完性原理によって，組織を構成する成員の，上位部分と下位部分の責任と権限が明示される。ある用件を処理するとき，組織の下位部分で十分であれば，その用件は下位に任せ，下位部分で達成不可能なとき，初めて上位部分がその処理に当たるというわけである。やや具体的に言えば，区役所で処理できる用件は，区役所が責任をもって処理し，市役所や都庁は出てこない。区役所で処理できないような用件だけが都庁での仕事となる。このように補完性の原理によって，どの組織も自由に，調和的に発展していく秩序が生まれる。

　補完性原理という堅い表現から受ける印象とは逆に，この原理は組織がうまく運営されるための基礎なのである。一例として，生活困窮者，つまり自分で自分の面倒をみることができないすべてのひとにも，この原理が妥当するといえば，この原理がいかに日常的なものであるかが分かるであろう。誰からも助けがもらえない状態が，一時的であろうと長期的であろうと，またそのことが事前に分かっていようと突然であろうと，さらにそうした状態になった原因が，自分にあろうと他人にあろうと，関係ない。国家がこうしたひとすべてに社会保障を給付する基本的目的は，周知のように，自分で面倒をみることができないか，最低生活を続けるのに十分な収入がない人々を，べつの人々が支援することによって達成される。ただし重要なことは，こうした支援が，長期的にみて補完性原理に取って代わ

るようなことがあってはならないことである。つまり，組織の上位部分が提供するどんな連帯的活動であっても，その支援は自助のためである。このように補完性原理は，自助とそれを越える援助とを区別し，組織の安定に必要な秩序を提供する。

　補完性原理の起源は両大戦間に遡る。しかしそれがカトリック教会の社会回勅（Enzyklika）または社会教説のなかに提示されたため，わが国では，それほど注目されてこなかった。回勅は，ローマ教皇が重要な事柄について，カトリック教会の正式な考え方を，全世界のカトリック教会に伝達・指示する文書である。しかしわが国では，先に述べた事情もあって，事柄の重要度に関係なく放置されることが多かった[1]。本書のなかで一章を設け，補完性原理を考察するのは，これが戦後ドイツの経済政策を支えてきた社会哲学的基盤であり，社会的市場経済の原理の思想的背景だからである。また欧州統合を規定するマーストリヒト条約のなかに補完性原理が明文化されたことからも分かるように，補完性原理は，欧州諸国の社会秩序を安定化する基盤として尊重されているからである。さらにオルドー自由主義におけるオルドーの意味を，また社会的市場経済の原理における「社会的」の意味を十分に理解するためには，補完性原理の意味と役割を正確に知ることが不可欠である。

1　社会教説と秩序政策

(1)　補完性原理の由来

補完性原理は，はじめに記したように，カトリック教会の社会教説のなかから生まれた。具体的に補完性原理という表現が使われ，社会の秩序形成に果たす大きな役割を論じたのは，1931年のローマ教皇ピウス11世の社会回勅「クアドラジェジモ・アンノ」（Quadragesimo Anno：QA）である。

---

[1]　例外として澤田昭夫（1992）は，補完性原理が分権主義的原理なのか，それとも集権主義的原理なのかを問い，欧州統合運動における補完性原理の意義を明らかにしている。詳細な文献とともに，補完性原理に関する的確かつ包括的な解説は貴重であり，大いに参考になる。

この回勅 QA は，その名称から推論されるように，1891年のローマ教皇レオ13世による社会回勅「レールム・ノヴァールム」(Rerum Novarum : RN) の「40周年」を記念して出された。因みに「レールム・ノヴァールム」は，「新しいこと」という意味である。回勅 QA の草稿を書き上げたのは，イエズス会士グンドラッハである。彼は，1912年にイエズス会修道士となり，ベルリン大学でゾンバルトに師事して国民経済学を学び，1927年博士号を取得した。1929年から38年までフランクフルトの聖ゲオルゲン神学院で，社会哲学および社会倫理学の教授，その後1934年から62年までローマ・グレゴリアン大学の教授となった。補完性原理を集約的に示すものとして引用されるのは，回勅 QA の第79項である。すなわち：

「個々の人間が，自らの発意と努力によって達成できるものを彼から奪い取り，これを社会の仕事に委せることが許されないのと同様に，より小さく，より下位の共同体が実施，遂行できることを，より範囲の大きい，より高次の社会に委譲することは，正義に反する。同時に，それは社会にきわめて大きな不利益をもたらすし，社会秩序全体を混乱させることになる。社会の活動はすべて，その本性と意味内容からいって，補完的である。社会の活動は，社会を構成する成員の誰をも，後援しなければならない。彼らを破滅させたり消耗させるようなことは，決してあってはならない。」

また1961年，教皇ヨハネス23世は，社会回勅 (Mater et magistra) の第53項で補完性原理を明らかにし，カトリック社会教説に占める重要性を強調し，1963年の回勅 (Pacem in Terris)「地には平和を」でも補完性原理を再説している。補完性原理は，連帯[2]と並んで，カトリック社会教説の基本原則である。補完性原理によって，個人と国家の関係，企業と国家の関係，さらには国家と社会の内面的組み立てが規定されることになる。

---

　2) 連帯と補完性との間に相互依存関係があることについて，エアハルトは政策の実務家らしく適確に次のように述べた。ミュラー＝アルマックが社会的市場経済の意義について簡潔に「市場での自由の原理を社会的調整の原理と結合すること」と言ったとき，「その表現は簡単すぎる。補完性原理が無条件に妥当するところでのみ，連帯能力，つまり社会的調整が保証されるというべきだ。」どんな連帯的行動であっても，それは個人の全体に対する道徳的責任の枠内で行われなければならないというのが，彼の言いたいことであった。

国家と社会の補完的組み立てによって，個人は自分たちが創った共同体やクラブ内で，自らが選んだ目標実現に努力することができる。社会は，上位，つまり役所や権力の中心部によってではなく，むしろ下位，つまり個人によって組み立てられるべきものなのである。

(2) 補完性原理の実現

一見明白であり，議論の余地がまったくないように見える補完性原理であるが，内容に深く立ち入って検討したり，社会での実現を考えたりすると，補完性原理は決して一義的ではないことが分かる。たとえば，第一に，補完性原理は，カトリック教会の社会教説として最高の規律なのか，それともひとつの重要な社会原則に過ぎないものなのか。第二に，補完性原理は，現存の秩序を補完的に組織する原理なのか，それとも秩序を組み立てるときのひとつの原理なのか。第三に，カトリック社会教説を理解するとき，補完性原理の裏側にある連帯からどんな問題が生じるか。第四に，社会の職業別構成に留意するとき，さらに基本的なカトリック社会教説が必要となるのか。これらの諸点はそれほど明解ではない。補完性原理が社会秩序の構成原理であるだけに，以下で項目別に検討することにしよう。

A 補完性原理の重要度 社会回勅QAはラテン語で書かれている。したがって補完性原理の重要度について表現するときにも，対応するラテン語 gravissimum principium が用いられた。しかしこれがドイツ語に翻訳されたとき，この「最高級」を表わすラテン語が「もっとも重要」を意味するのか，「非常に重要」を意味するのかについて，十分な議論をせずに終わってしまったようである。カトリック教会の社会教説でも，この点に関する説明はない。現存の秩序を変化させる課題を補完性原理からどの程度引き出せるのかについても，一義的な回答はない。もし前者，つまり「もっとも重要」であると理解されれば，社会的あるいは組織的統一をめぐって，他のあらゆる秩序原理は，まず補完性原理で評価された後に，はじめて適用されることになる。もし後者であれば，他のあらゆる秩序原理も，択一的な原理として初めから適用されることになる。グンドラッハと並んで，社会回勅QAの内容に大きな影響を与えたフォン・ネルブロイ

ニングは，補完性原理の重要度を前者，つまり「もっとも重要」な秩序原理と解釈している。

B　補完性原理の目的　補完性原理は，どのような秩序の構築を目的として活用されるのであろうか。現存の秩序のなかで，特定の課題を補完的に改編するためか，それとも補完的な組織から出発し，補完性原理に内在する規範的意味づけ（つまり，補完性原理を「もっとも重要」な秩序原理であるとする解釈）に従って，現存の秩序を急激に変更するために活用することを目的としているのであろうか。おそらくその両方であろう。しかし正直に言って，この点に関して明確な答えを出すことは難しい。その理由は，補完性原理が，それぞれの目標に向かって進む，具体的行動指針を提供するものではないからである。国家秩序，社会秩序，経済秩序など，それぞれの秩序がいかに立ち上げられるべきかについて，補完性原理は具体的に何もいっていない。カトリック社会教説およびそれをめぐる多くの研究から，補完性原理の実現が約束されているような，経済的，社会的モデルを発見することはできない。それぞれの地域，国家の経済的，社会的構造は，きわめて多様であり，しかも補完性原理が具体的行動指針でない以上，当然のことながら，補完性原理の実現を約束する一義的なモデルは，初めから無いのである。

では，補完性原理の社会的目的はいったい何なのであろうか。端的にいって，その目的は，社会秩序に対する信頼を回復するためである。1931年，社会回勅QAが公布された当時のヨーロッパ社会情勢，とくにドイツでは，全体主義の台頭によって，個人も企業もともに安定した社会秩序から放り出されてしまった。社会回勅QAは，不安に戦く個人や企業に対して，そして人間を階級，民族，国家に還元しようとする全体主義政府に対して，あるべき社会秩序を示し，下位（たとえば個人）ができない場合のみ，上位（たとえば政府）が介入して補完的に援助することを勧告し，補完性原理によって社会秩序の確立と安定性を重視したのである。この歴史認識を欠いては，なぜ第二次大戦直後のドイツで，補完性原理を含む社会的市場経済の原理がただちに受け入れられたのか，そしてドイツだけではなく，その後の欧州統合過程[3]，具体的にはマーストリヒト条約（1993

年）のなかに，補完性原理が取り入れられているのかについて，正確に理解することができないであろう。

　マーストリヒト条約が第3条b項によって補完性原理を条文化したのは，加盟国の国家主権が過度に欧州委員会に委譲されることがないように，加盟国と統合体行政府である欧州委員会との権限範囲を明確化するためである。条約は，以下のような内容である：

　　「共同体は本条約により付与された権限および目的の範囲内において行動するものとする。

　　　共同体の排他的権限に入らない分野については，共同体は補完性原理に従い，提案された行動の目的が構成諸国によって十分に達成されることができず，したがってその提案された行動の規模もしくは効果ゆえに，共同体によって一層よく達成されることができるときに限り，その範囲において，共同体は行動をとるものとする。

　　　共同体のいかなる行動も，本条約の目的を達成するために必要な範囲を超えないものとする。」

　読者は，この条文をさきに例示した回勅QAと対比するとき，その内容が驚くほど類似していることを発見するであろう。明らかにヨーロッパ諸国は，補完性原理によって統合秩序の実現を目指しているのだ。マーストリヒト条約第3条b項は，共同体と加盟国の権限関係に関する基本ルールなのである。欧州統合の拡大と深化によって，共同体（欧州委員会）で処理する事項が増え，加盟国の権限との交錯が目立つようになった。1958年のローマ条約のように，活動の範囲が経済分野に限定されていた場合には，権限の住み分けが容易であった。しかしいまや欧州連合（EU）には，経済・通貨連合のほか，司法・内政問題，共通外交・安全保障政策が加わり，共同体と加盟国の政策が競合する場合が多く，両者の関係をルール化する必要性が増大した。そしてそのために補完性原理が基本ルールとして明示的に導入されたのである。

　3）　欧州統合過程に補完性原理がどのように生かされているか，とくに経済的視点から補完性原理と関連づけたマーストリヒト条約の条文解釈については，Doering（1996）を参照。

C　連帯の問題　　カトリック社会教説に従えば，補完性原理は人間の尊厳から生ずる二つの面をもっている。その一つは，個人ひとりひとりの発展する能力に関係しており，もう一つは，下位のひとに対して上位のひとが連帯の意思から援助する場合である。補完性原理を考えるとき連帯が問題になるのは，連帯が補完性原理と相互依存関係にあるからである。ただ，どのような場合に援助[4]すべきかという問題は，それほど容易な問題ではない。前述の社会回勅QA（およびマーストリヒト条約第3条b項）で読んだように，補完性原理は，一国内であれ統合地域であれ，共同体のメンバーの能力が十分ではなく，与えられた課題を処理できない場合にのみ，共同体（たとえば政府または統合体行政府）が介入して，援助すべきだと教えている。つまりこうした場合を除いて，補完性原理は，下位の人々を援助するために過度の政府介入を退け，下位の人々ないし組織による自助を促進する道を拓いているのである。したがって福祉という表現の中身は，個人が発展していくための制度（たとえば個人財産の保有制度もそのひとつである）を創設することであり，規範を保持することである。この規範と身近の社会組織が，それぞれの使命を果たすことによって，連帯が共同体全体の満足を高めることになる。

D　職業別分類と補完性原理　　社会秩序に関連して，回勅QAがいう「段階的秩序」は，封建時代に支配的であった身分に従った固定的秩序ではない。ある特定の国にのみ発見できる歴史的・文化的社会体制でもない。回勅QAが，職業別分類を活用して社会秩序の修復を意図したのは，階

---

4)　公共福祉の実現が国家の義務であるとき，国家は夜警国家の役割に甘んじているわけにはいかない。国家は社会的給付システムを通じて，市民の個人生活を充実する必要があるが，それも限度が必要である。国家は，病気，災害，失業，老年が理由で個人の所得が低下しても，強制保険やその他適当な手段を用いて，本人および家族の生活が困らないようにしなければならない。国家は，大きな社会的差別の発生を防ぎ，労働環境の改善に努めなければならない。社会的給付はあれこれ多様であるが，総括すれば，国家は各種の社会的給付において，市民が社会に対して受身にならないように注意する必要がある。しかし他方で，社会国家として給付に限度を設けることが社会国家の安定条件であることも知らなければならない。実は限度があることこそ，補完性原理の論理的帰結である。個人でできないところがあれば，そのとき上位の組織が個人のために代わって行うというのが補完性原理だからである。社会回勅QAがいっているように，上位の組織，たとえば国家がすべてを代行するのではない。

級間の対決を克服し，それぞれの職業が協力できる社会秩序の実現を目指したからである。秩序が無いところでは，どんな社会であっても個人は平和的な共同生活を送ることができないし，分業が成立した効率的な経済も生まれない。補完性原理は，安定した社会秩序の成立に不可欠である。しかし補完性原理の実現が，ある職業別分類および秩序の成立に必要ではないし，ある職業別分類が必然的に補完性原理を実現するわけではない。カトリックの社会教説において，職業別分類は補完性原理の秩序政策への応用として示されているのである。

2　競争と補完的経済秩序

補完性原理は，どのような国家秩序や経済秩序と調和しうるのであろうか。この問題に答えるためには，補完性原理の背後に，どのような人間像があり，この人間像からどのような志向を導き出すことができるかを考慮すればよい。補完性原理が描く人間像は，明らかに個人中心であり，全体主義的ではない。一人一人の人間の尊厳が最優先される。これが実現されるためには，個々の人間（そして彼の下位段階の人々）に可能な限り大きな自由が保証される必要がある。自由が保証されることによって，個々の人間の能力向上と成長への前提が出来上がるのである。他方，もし自助がままならないのであれば，これまで何度か考察してきたように，個々の人間（または下位段階の人々）に援助の手が差し伸べられる必要がある。こうして人間の尊厳は，自由が保証されるか，またはときに必要であれば，上位の段階からの連帯的援助によって確保されることになる。

　自由とは，自分で決定し，自分の考えで行動できることを意味する。したがってある人の自由は，他の人の自由である。ではいったいどのような経済秩序が支配しているとき，個人の自由は等しくなるのであろうか。競争[5]が保証されている経済秩序においてというのが，その答えである。つ

　5）　競争を改めて定義したのは，Acton（1972, p.33）である。彼は，競争を「他人が獲得しようとしているものを，同時に自分が獲得しようとする行為」と定義した。ライバル（rival）は互いに相手を打ち負かそうと狙っているのに対して，競争（competition）では，

まり経済分野で，補完性の原理と調和する秩序原則は競争であって，連帯または社会的正義ではない。競争があってはじめて，経済的自由が確保されるのであるから，補完性の原理は，競争を前提としているのである。

　補完的経済秩序の本質的特徴は，競争の自由である。これは補完性の必要条件である。補完性をめぐる混乱の多くは，補完性にとって競争が持つこの基本的意味を誤解しているためである。カトリック教会の社会教説でも，競争の自由が補完性の必要条件であるとする判断は，それほど明確ではない。たとえば社会回勅 QA にしても，競争の役割をプラスに評価する立場をとっているが，それでも競争が，ときとして経済秩序にとんでもない調整原理として働くことがあると判断している。しかし社会回勅 QA が公布されたのが 1931 年であり，当時の経済状況を考慮すれば，競争の評価が，ある程度制約されたことはやむを得なかったともいえる。時間の推移は，競争の概念とその機能に関する理解を大きく変化させてきた。たとえばローマ教皇ヨハネス・パウロ 2 世の回勅 Centesimus Annus (1991) では，競争について懐疑的な判断を下しているわけではなく，市場の役割，企業家の使命，個人財産の保有についても，十分な理解を示している。

3　市場経済と補完的経済秩序

(1)　市場対計画

補完性原理と調和する秩序原則が競争であるとき，この秩序原則はどのような経済システムを生み出すのであろうか[6]。その経済システムは市場経済であり，市場経済においてのみ，補完性が実現されうる。市場経済にお

競争相手の敗北だけに，本来の関心を置いているわけではない。競争には，競争する人間同士の好意がある。相手が負けて何かを失うことになるのは，自分が勝ったことによる必然的な現象として，目をつぶるほかない。競争の本質は，基本的には，ある参加者の利益は他の参加者の不利益になるというものである。

[6]　市場経済秩序が支配しているところでは，政治が経済に優先することはありえない。その理由は，市場経済は経済が自分で調整し均衡を実現できるシステムだからである。市場経済には国家の活動が介在する必要はないのである。

第7章 補完性原理

いてのみ，個人，家計，企業は自由を保持できるし，期待と費用／便益を考慮して彼ら自身の計画を立てることができる。計画の調整は市場が請け負う。市場は，ある経済行動の期待がどの程度実現するかを決定する。

中央管理経済が補完性原理と両立しないのは，そこでは個人にも企業にも自由が保証されておらず，自らの意思と期待によって行動できないからである。経済行動の調整者としての市場が欠落しており，調整のカオスを回避するためには，中央計画当局の命令が不可欠である。そこでは，中央計画当局が製品の品質と数量，生産要素投入比率，生産地，生産時点などを計画する。計画された秩序が支配するところでは，中央で管理された機械的な人間像があるだけである。すべての権限が中央計画当局に集中し，下位の組織または個人の自由は完全に犠牲となる。これに対し，下位の組織に自由が与えられるということは，下位の組織固有の利害をめぐってひとびとが責任ある行動をとるということである。自由が責任を伴うのであって，この関連を重視しないひとは，遅かれ早かれ自らの自由を失うことになるであろう。自分自身への責任を回避するということは，自由を上位の組織に委譲することを意味するからである。

(2) 補完性の情報経済的機能

補完的経済秩序は，すべての個人に自分の期待にしたがって行動する自由を保証しているが，各個人に完全情報，完全知識，完全予測を保証しているわけではない。そういうわけで補完的秩序においては，個々人は，客観的に存在するデータで方角を決めるのではなく，むしろそのときの状況を主観的に解釈することで行動するのである。不完全な情報のもとで，個人は，上位の機関によって決められた方向に進む義務を負っているわけではない。主観的な予測や期待に基づいて行動しているのである。現実の経済は，不完全情報の世界である。むしろ完全情報を前提することは，補完的システムに内在する経済的，社会的現実を正しく把握する道を塞いでしまうものである。というのは，現実は決して静的な状態ではなく，以前は知らなかった情報が絶えず新たに追加される過程だからである。

補完的なシステムは，多くの発見や試行錯誤が繰り返されるシステム，簡単にいえば競争に対してオープンなシステムである。しかし競争自体が

ひとつの発見の手続きであるから，原理的に考えると模擬実験として競争をしてみるわけにはいかない。その意味で補完的な自由の保証が，新たな認識，斬新さに近づく経済システム，つまりオープンな競争システムにとって必要不可欠の条件である。逆に言って，もし競争がもたらす具体的結果が事前に分かるとすれば，情報経済の視点から判断して，補完的な自由を保証する必要はない。何故ならこの場合には，上位の中央管理手段を使って同じ結果をえることができるからである。この判断が示すように，われわれが市場と呼んでいるコミュニケーション・システムの内部で，下位の人々が情報経済的に見てはるかにうまく利用している能力を上位の人々に委譲することは，社会全体に損害を与えることになる。

このように補完性原理は優れた経済的根拠をもっている。補完的経済秩序は，資源配分問題を解決するための基本的前提といってよい。というのは，この問題は静学的，機械的に解ける最適化問題ではなく，ミクロとマクロの連環的変化を考慮して解く動態的問題だからである。この認識は重要である。というのは補完性原理が支配する経済秩序では，個人の行動と組織の行動との間の相互作用とともに，秩序がもつ諸制度間の相互作用に注目しなければならず，それは複雑系の経済学[7]の関心と共通するものがあるからである。

(3) 不確実性と補完性

補完的な秩序は多くの個人や組織の行動の結果であり，上位レベルの組織が決定した計画の結果ではないから，補完的秩序の具体的結果は不確実である。結果が不確実ということこそ，競争の自由が構造的に機能している結果であり，そこでは新しい知識や革新的な行動が続々と生まれてくるのである。下位レベルで革新が進展する可能性があるということは，原則と

---

7) 複雑系の経済学では，人間の合理性を経済行動の基本に置かない。新古典派経済学が想定するモデルや均衡理論の非現実性に飽き足らず，むしろ経済主体が市場で均衡ではないところをどのように動くか，どうすれば市場参加者間の満足を高めることができるかといった，ミクロとマクロ間の複雑な反応の説明に取り組んでいる。複雑系の経済学は，すべての情報を自分のものとすることはできないし，合理的な推論がつねにできるとは限らないという意味で，人間の合理性の限界を基礎におく経済学である。補完性原理の経済学と複雑系の経済学との関係に言及したドイツ語の文献は見当たらない。

して補完的秩序が保証されていることである。革新は現状維持のスタンスを打破するから，革新が個人および組織に与える直接，間接効果を事前にかつ包括的に予測することはできない。その限りで，補完的秩序はオープン・システムである。

このオープンという特色が長期的に保持されるかどうかは，一つの社会にとって大きな問題である。オープン・システムが壊れないようにする制度上の予防措置が重要であるし，何よりも個人一人一人がオープン性と調和する気持ちをもつことが必要である。オープン・システムは上位レベルの組織から与えられた計画ではないから，個人および下位レベルの将来，とくに彼等によって達成可能な将来，さらには達成された結果がどういうものかは，原理的にいえばすべて不確実である。システムがオープンであるために持つべき重要な心の前提は，不確実性を受け入れる準備が個人の意識のなかにあることである。そうした心の準備は，いってみればそれだけ払ってもよいと考えるコスト，つまり個人の自由を裏面から見たものである。補完的なシステムがもつこの種のオープン性は，結果が不確実だという不安だけでなく，所得や資産の不平等配分によって生ずる嫉妬によっても脅かされるかも知れない。

連帯の重要性をしばらく措くと，補完的秩序は分配の正義については何も言わない。ある補完的秩序のもとでの分配や結果の正当性について語ることは不可能なことである。というのは，ある補完的秩序がもたらす結果については誰も知らないのであるから，語ること自体不条理なのである。別言すれば，道徳的，経済的理由から補完的経済秩序の樹立が決定されたとき，補完性の秩序原理というべき競争を清算してしまうようなすべての試みは，初めからこの決定とは両立しない。同様に，補完的な市場システム[8]において，結果の公平が実現することはない。ただ，特定の分配の公

---

8) 市場理論の基礎にある個人主権や自己調整の原則は，人々が結果の不確実性を容認し，結果の公平を追求することを断念するとき，はじめて，補完性原理が明言する個人の成長可能性が実現するのである。解決が難しいこの関連をひとびとが無視した結果，社会的ロマン主義が全体主義的システムを生んだことは歴史の教えるところである。結果の確実性に強い選好をもつことは，最終的には不自由になることを意味する。何故なら，結果が確実であるためには，事前に上位の機関によって個人の生活状況が固定される必要があり，個人は自分で生活のチャンスを切り拓く自由を失うからである。

平を市場システムではなく，ある政策措置によって実現することは可能である。しかし分配政策上の配慮から市場に介入する政策は，秩序がもつ補完性を徐々に破壊していくことに注意したい。

4 補完的経済秩序の制度的構造

これまでシステムのオープン性，結果の不確実性の容認，事前に決定される分配の否定などを考察してきたが，これだけで補完的秩序が形成されるわけではない。補完的秩序がどのような制度を必要とするかを明らかにする問題が残っている。

(1) 制度の基礎

制度を整備する第一歩は，必要な自由を保証することで自己責任と補完的行動がとれるような経済体制を確立することである。換言すれば，この経済体制は社会と経済が政府からできるだけ分離して活動できる体制[9]である。補完的な秩序機能を備えた経済体制は，私法社会において用いられる体制である。両者の関連を明らかにしたのは，とくにF. ベーム[10]の貢献といってよい。彼は，補完的行動の自由を認める個人の自主性を論じ，私法社会（この表現はベームが好んで用いた）が補完的行動のネットワークを政策介入から護ることを示した。ベームが私法社会を重視したことは，イェーリングが「権利のための闘争」のなかで描いた，自立する人間と法との関連性と相通ずるものがある。イェーリングが公法ではなく私法を重視したのは，私法社会において自己の権利がどこまで主張できるかを知る

---

9) 戦後ドイツの学界が，補完的秩序の形成に強い関心を示した理由のひとつに歴史主義との関連があることに注意したい。ポパーは，人間社会のすべての側面をその時々の歴史的条件に制約された，相対的なものと判断したドイツ「歴史主義」(historism) を批判した。そして社会を変革する問題に科学的な方法を適用する道が何であるかという科学的方法論を，自らが人為的に構成した概念 (historicism) によって展開した。ドイツ歴史学派が主張する相対化の帰結を倫理や価値の規範にまで拡大すれば，それは深刻な倫理的ニヒリズムとなり，具体的にはナチズムの政治行動につながる。Popper (1957, 1960) を参照。

10) Boehm (1980) を参照。

第7章　補完性原理

ことによって，国民は自己の政治的権利と国際法上の地位を知ることができると考えたからである。

このようにイェーリングは，社会の発展に果たす私法の大きな役割を明らかにしたが，その場合彼は，法のなかに他の現象とならんで社会的，経済的現象を捉えることをしなかった。それに対してベームは，私法秩序，市場経済秩序，競争秩序を補完性原理によって連結することを試みたのである。

ひとつの秩序のなかで私法の及ぶ範囲が広ければ広いほど，経済秩序の補完的性格が明瞭になる。歴史的にみても，私法はつねに経済的秩序の要素であった。しかし，私法が支配的な要素となったことは稀である。ベームは歴史的考察から，封建社会ないし身分社会において私法が代役的機能を果たしてきたことを確認している。私法社会にあるのは，すべてのひとに同様の法的地位が与えられる自主性だけである。

社会の成員すべてに等しく行動の自由が与えられるので，社会の成員間で誰かが下位で誰かが上位になるということはない。自主性が補完的平面上に形式的な平等を生み出すことになる。自主性があるところでは，特権もないし差別化されることもない。個人や組織が行動する空間内で自分の計画の実現に努めるとき，自主性が他の社会成員への強制となることはない。強制力が働くのは，成員の誰かの行為が私法に違反ないし抵触するときだけである。制裁は，通常，上位の組織である中立的機関によって行われる。

私法上の身分の平等は，補完性原理が促進する個人の発展余力を保証し，上位の機関による恣意的な変形を防止する。したがって，私法上の身分の平等が，補完的秩序の維持にとって最重要の基盤であることに注意したい。この基盤によって，私法が及ぶ範囲内で補完的行動をとる自由が保証され，個人や組織が適応することが要請される。しかし適応の要請は上位の機関によって与えられるのではなく，同じ権利をもった個人の競争の結果である。それはまさに調整の過程である。結果に対する調整行動の前提になるのが，信頼するシグナル・システム，つまり価格システムを通ずる自己調整である。

(2) 補完的秩序を支える諸制度

補完的秩序の制度に課せられた課題は，制度によって下位レベルでの協調が可能になることである。協調が可能な世界とは，コース理論（Coase Theorem）の仮定[11]とは逆に，取引コストがゼロではないことを意味している。しかも取引コストが持続的に高いということは，次のいずれかのケースが実際に生じていることを意味している。すなわち，社会の基本的価値を保全する必要から，法の適用によってある行為を禁止しているケースか，取引コストが高いままで推移する制度上の構造が残っているケースのいずれかである。後者のケースは，社会の基本的価値の保全とは無関係であるから，さらに協調を進めるか，競争を刺激するか，経済厚生の利益を趨勢的に高めることによって，取引コストを低下させることが望ましい。したがって補完的秩序の制度問題は，個々の制度のうち，どの制度の取引コストを低下させれば，高い福祉の便益を実現できるのか，いったいどんな規則がコストの低下を妨げているのか，という問いに答えることである。

補完的経済秩序は，その秩序を十分に保持するために，制度上の基盤として上位の国家的次元が必要である。ただし国家的次元の制度は，あくまで協調的で補完的な行動を可能にするための制度上の枠組みである。国家的次元で果たすべき制度の課題を示せば，以下の6点にまとめることができる。まず項目を示し，次いで簡単なコメントを加えることにしたい。

a 契約自由の保証，契約自由の濫用と制限の防止
b 個人財産の保証
c 責任の遂行
d 市場参入と退出の自由を保証することによる市場開放性の実現
e 有効な制度創設による価格安定の確保
f 自己管理の補完的機能が明白に不全となった場合の，補完的秩序への介入

---

11) コースは，外部性による市場の失敗を補正するとき，企業が消費者に被害を及ぼす権利がある場合でも，被害者（消費者）に損害賠償を請求する権利がある場合でも，取引コストがゼロであれば，(1) 合併，(2) 課税，(3) 交渉のいずれかの方法によって，社会的厚生関数の最大化の十分条件が満たされるので，外部性を内部化することができ，パレート効率的な資源配分を達成できることを明らかにした。Coase (1960), pp.1-44 を参照。

第7章　補完性原理

　　a　契約自由の保証，契約自由の濫用と制限の防止　　周知のように，私法秩序のなかでもっとも重要な制度は，個人財産の保証と契約の自由である。契約の自由は，補完的次元で自由に締結される契約とその実行のための制度上の前提である。補完的次元の意味は，契約当事者の満足が高まることで補完性原理の要請に叶うという意味である。このことは，契約の自由がミクロ，つまり契約当事者の視点だけでなく，競争を通ずる分業によって資源の効率配分を実現するという意味で，マクロ，つまり経済全体の満足を高める重要な機能をもっていることを示している。その意味で，内容を偽って相手に損害を与えるような契約は，契約の自由の濫用であり，契約を不当に限定する契約制限とともに，厳に慎むべき行動である。

　　b　個人財産の保証　　カトリック教会の社会教説は，個人の財産を経済と社会が補完的組織を作る前提として認めている。前提として個人財産を認めるという意味は，個人が補完的，自立的行動をとることができるように上位の機関が保証するという意味である。個人からみた個人財産の機能は，(1) 収益を生む，(2) 危急存亡から自らを救う，(3) 個人の独立を可能にする，という3点である。他方，経済や社会からみた個人財産の機能は，端的にいえば生産要素であり，(1) 生産要素の供給によって競争が生まれる，(2) 経済的リスクの分割および縮小に貢献する，(3) 資本の効率的配分を可能にする，といった社会的機能をもっている。これらの社会的機能から明らかなように，生産要素として投入される個人の資産がなければ，競争による動態的な経済発展も，設備投資の決定も，合理的な経済性計算もありえない。

　　c　責任の遂行　　生産要素としての個人財産は，それが市場経済の諸条件に適合した使い方がなされるときにのみ，社会的機能を満たすといえる。責任の遂行は市場経済の諸条件のひとつである。個人の財産を有効に活用して収益をあげ，資本蓄積を高める機会の裏側には，市場競争の激化を通じた生産設備の減価を覚悟しなければならない。収益拡大の成果が称揚される反面，経営不振であればその責任をとるのは，分権的意思決定の基礎に生産要素が個人財産として保有されているからである。補完的経済システムの社会秩序では，決定する力と責任とがひとつになっている。リスクをとることがなければ，個人の財産に対して経済的機能も社会的権限

も与えられない。自由と責任を追求したオイケン[12]は,「責任をとることが小さくなればなるほど,中央管理経済への傾向が強まる」といった。

d 市場開放性の実現　市場開放性の実現に不可欠の条件は,市場への参入と市場からの退出の権利が保証されていることである。参入・退出の自由は,個人であればさらに発展する可能性が広がることに,また企業であれば市場での強大な権力を制約することに役立つ。したがって,経済的権力が競争を制限したり,市場の開放性を低下させる危険があるところに対して,国家が積極的に介入する必要がある。事前には競争制限の兆しが少しもなかったところでも,厄介ごとはあるわけで,経済,社会の発展過程で競争制限の新たな可能性が生まれてくるのである。その意味で,法制度が事前に完全に整備されないかぎり,競争制限は規範的に禁止されるべきなのである。

e 価格安定を確保する制度　補完的な秩序は,下部の次元の経済主体に自主性を保証するので,多くの個人や組織の行動が分権的に調整されることになる。その調整は,誰かが完全な知識をもっており,そのため完全な調整が行われるというものではない。調整は,主観的な知識が生まれそして広がり,それがまた個々の期待にフィードバックする過程として進展するのである。経済学の教科書にあるように,この調整過程を引き受けるのが競争である。競争を通じて,どの個人の知識が利潤をもたらすかを発見できるし,競争を通じて,個人,企業,組織が価格体系についての情報をえることができる。競争による自己調整の前提は,事実として,どこに不足があるかを示すシグナル装置が存在することである。物価が安定しているところでは,価格が,いま述べたようなシグナル装置によって,分権的に調整されて決まる。

アレジナ[13]が確認したように,物価安定は中央銀行の独立性の程度に正比例する。その典型が,戦後のブンデスバンク（ドイツ中央銀行）の独立性であろう。ブンデスバンクは,中央銀行の独立性と金融政策目標に関して世界の中央銀行の模範となった[14]。これに対して,戦後世界には多くの

---

12) Eucken (1952), p. 285
13) Alesina (1988) を参照。
14) その時々の金融政策については,ブンデスバンクの調査月報を参照。戦後の通貨改

実例があるように，独立性に劣り，政府の指示に依存して運営されるような中央銀行では，貨幣価値の安定性を保証できない。補完性の原理との関連では，前章でも触れたように，ハイエク[15]の研究が興味深い。彼は，物価安定を中央銀行によってではなく，商業銀行による貨幣発行の競争によって実現することを提案したのである。

f 補完的秩序への介入 補完的秩序が成立するためには，すでに述べたように，特別の制度が確立され，維持される必要があるが，その要請を充たすことが，上位の国家的次元の課題といえる。しかし上位の次元が政治的，経済的利害を自分のものにしてしまうということがありうる。具体的には，本来，市町村の仕事を州が肩代わりしたり，州に任すべき仕事を連邦政府が実施するケースである。こうした補完的秩序への過剰な介入を回避するために，別言すれば補完的秩序の有効性を高めるために，ドイツ連邦共和国基本法（憲法）は，戦後のドイツ連邦制に協調的連邦主義（cooperative federalism）を導入した。連邦と州のそれぞれに排他的権限である専属的分権を保証するとともに，連邦と州との間に競合的権限を規定するという意味で，その内容と機能は古典的連邦主義と大きく異なる。古典的連邦主義は，憲法が分権を規定しており明確であるが，それだけ伸縮性に欠ける憾みがある。それに対して協調的連邦主義は，政策目標の内容，性格に応じて，連邦と州のいずれかが必要な政策手段を効率的に投入できるから，政策の有効性がはるかに高くなる。

また，安定通貨の創造や持続性について理論的に知らなくても，物価を安定させるには制度上なんらかの規制や介入が必要だということについて

革と中央銀行創設に関しては，ブンデスバンクが発行した『ドイツの通貨と経済 1876～1975』（上，下）がもっとも貴重な参考資料である。

15) ハイエク，『貨幣発行自由化論』，1988年。ハイエクの提案は，中央銀行だけでなく，商業銀行にも貨幣発行権を認めて競争させれば，もっとも価値の安定している貨幣が需要され，その貨幣が最終的に実質「中央銀行貨幣」となるというものである。この提案は，いかにも急進的な響きを持つが，その貨幣の持続的安定性が不確実であることを除けば，貨幣発行に関する補完性の原理として整合的である。1979年発足した欧州通貨制度（EMS）において，ドイツ・マルク（DM）が中心通貨となり，他の加盟国通貨の安定性維持に貢献した。1999年，ユーロが導入されるまでの欧州通貨事情を回顧すると，これは，国際的（欧州的）レベルで貨幣発行に関する補完性の原理が生きていた期間と言えるであろう。共通通貨の貨幣論的考察を含めて，島野卓爾（1996）を参照。

は，誰もがよく理解している。ヨーロッパの統合の象徴である共通通貨ユーロの政策運営をめぐっては，上位の次元に位する欧州中央銀行（ECB）の独立性が尊重されている。しかし加盟国は財政主権を保持しているから，下位の次元（加盟国政府）が自国の政治的，経済的利害に囚われた経済政策を実施すれば，欧州中央銀行の金融政策と調和的ではなくなる。この例のように，国際的次元で補完的秩序を成立させることは容易ではなく，補完的秩序への介入は利害対立を尖鋭化させ易い。別の例を示せば，環境保護の目的から政府が公害発生の懼れのある製品の生産停止を指示するとき，特定の利害グループの注文によって，政府の介入が弱められるケースが起こりうる。実はここに補完的秩序の崩壊への入り口があり，競争社会の補完的構造がだんだんと壊れていく可能性が生まれる。したがって補完的秩序への介入は，つねに制度的整備を追加しない限り，望ましい補完的秩序を長期的に維持することはできない。この認識は，補完的秩序を国際面で考察する場合にとくに重要である。最近のイラク戦争をめぐるアメリカの国際連合無視の態度は，国際連合が国際面での補完的秩序の基盤であるだけに，その国際的影響はきわめて深刻と言わねばならない[16]。

　財産権に関していえば，North (1988, 1990) が論じたように，持続的な成長を可能にするような財産権が設定されたことは，歴史上どこにもない。むしろ国家（政府）は，国家の支配に好都合なように，財産権を設定してきた。そこで North は，効率的な財産権を創るには，取引コストを

---

16) アメリカは，90年代自国の政治・経済の圧倒的優位に慣れるにつれて，アメリカの勝利感に酔い，アメリカこそ普遍的価値と目標を実現できる唯一の国であるという自負心をもつようになった。注意すべきは，その過程でアメリカ文化への過剰な思い込みと自信がもたらす危険に気が付いていないことである。国際社会にあっては，価値観の多様化のなかで公正と寛容を維持することがもっとも大切な行動基準であることを軽視し，アメリカは他国を正か邪か（フェアかアンフェアか）と切り捨てるスタンスを堅持しようとする。この単独行動主義が危険なのは，それが他国の否定につながるからである。補完性原理が通用する国際社会では，まず下位，つまり一国の権限と能力が尊重される。もしその国が任に堪えなければ，そのときはじめて上位の国際機関に権限を委譲することになる。この意味で補完性原理の手続きはまことに民主主義的であり，他国が否定されることはない。これに対して，アメリカの単独行動主義は，自国の価値観の絶対的正義を信じ，その世界的拡大を望んでいる。アメリカは，つねに自己同一的な「アメリカ」という主語の概念を前提として，自己決定的に生きようとしている。そこには，戦後のヨーロッパが実現に努力してきた補完性原理が入り込む余地はほとんどない。

第7章　補完性原理

ゼロにすべきではないと主張したのである。取引コストがゼロだと，経済主体の選好や相対価格が変化したとき，ただちに制度の変化が必要となるからである。

　これまでの歴史をみると，国家は，結果的に経済成長が妨げられてしまうように権力を行使してきたと彼は言う。現実世界において，取引コストがゼロであることはないとしても，経済成長を妨げるように権力が使われるべきではない。取引に低水準のコストがかかることは，補完的な次元で，経済厚生を高める協力が成立する前提である。というのは，取引コストは，補完的な市場行動で協力するために支払わなければならないコストと考えられるからである。その意味で，制度に基づく取引コストは，制度を適切化することによって，出来るだけ低水準に抑える努力が必要なのである。

　政策目標の実現，補完的な秩序の維持のために，上位の次元に介入しなければならないことが起こりうる。その場合，どのような調整原則に従うべきなのであろうか。たとえば，介入の根拠として，環境保護がもたらす外部効果の実現が考えられる。その場合，介入の目標は，社会的追加コストの最適内部化である。しかし，この目標をどのように達成するかについて，一般的な答えはないのである。むしろその答えは，その時々の問題提起の内容に依存するのだ。この例が示すように，上位の次元への介入問題を，その時点での問題と無関係に，特定の戦略を用いて解こうとするのは意味がない。例にあげた環境問題であれば，環境政策の前提に，一つの調整原則が示されていることが重要である。すなわち，ある経済主体による環境破壊については，その社会的コストの経済上の責任を，その経済主体に負わせることである。

　また，介入の理由として情報不足があげられることがある。政府が，環境破壊に関して，破壊の質的最低水準を特定することによって規制する場合を考えてみよう。その場合，情報の配分が非対称的であるとしても，規制の狙いは，特定水準の質が市場で維持されていることにおかれるべきである。不分割性が存在するための介入にあっては，たとえば公共財について財の公共性の程度を低下させることが調整原則となるであろう。

第8章
オルドー自由主義の現代的評価

1　経済秩序と経済政策

(1)　行動秩序と法秩序
どんな経済政策も，多かれ少なかれ経済秩序の問題を取り扱っている。それと同じように，すべての経済学も経済秩序に言及している。以下では，オルドー自由主義の秩序理論と制度学派経済学との間に，多くの類似項があることを明らかにしたい。まず，economic order または social order といった言葉がよく使われるが，その表現には二つの異なる意味があることに注意しよう。その一つは「行動や取引のパターン」である。これは，ある定義された社会的文脈の中での多様な選択の結果である。もう一つは「ルールの体系」であり，これらのルールがそれぞれの社会環境のなかで個人の選択を制約している。ハイエクはこの区別を重視し，前者を行動秩序（Handelnsordnung），後者を法秩序（Rechtsordnung）と呼んだ。

　オルドー自由主義の秩序理論（Ordnungstheorie）と秩序政策（Ordnungspolitik）で用いられている秩序（Ordnung）は，ハイエクが区別した後者，つまりルールの体系という意味での economic order である。ルールの体系は制度的枠組みであり，その枠組みの中で人々は選択する。その意味で，社会的市場経済の概念は，制度学派経済学の特徴と同じ理論的方位をもっているといえる。すなわち，制度的枠組みを政治的選択の問題として取り扱い，法制上の枠組みを構成する多様な要素が，いかに個人の行動

や取引パターンに影響を与えるかについて考察するという点で,両者は基本的に共通している。

(2) 制度志向 (rule-oriented)

経済秩序がうまく成立しているところでは,それに見合った,優れた制度的枠組みがあることを否定するひとは,まずいないだろう。他の諸科学と比較して,経済学の歴史がそれほど長くないこともひとつの理由であろうが,ルールの秩序がもつ特徴と,古典派政治経済学が重視した経済秩序との間に,どんな関係があるかについて,経済学はこれまでほとんど関心を示して来なかった。また,体系的な分析もしてこなかった。しかしこれまでの考察を通じて,オルドー自由主義が,制度的枠組みにはっきりと分析の焦点を当てていることが分かった。そしてオルドー自由主義と現代制度学派経済学が,ともに古典派政治経済学の伝統を復活させ,経済秩序問題に含まれる規範的内容を明示的に取り扱おうとしていることも分かった。両者はいったいどのように関係づけられるのであろうか。両者の際立った相違点はどこにあるのであろうか。その答えは,両者とも制度志向,つまりルールの研究に方位を定めた点で共通していることである。

まず,制度学派経済学について言うと,「制度」について二つの解釈——広義の解釈とより特殊な解釈——をもっていることに注意したい。広義の制度には,ルールが人間の相互作用にどんな影響を及ぼすかといった,人間の社会生活を組み立てるすべてのルールが含まれる。こうした広義の解釈では,政治的,経済的プロセスが時間を通じてルールに作用することが認められる。それに対して,より特殊な解釈では,ルールの部分集合といってもよいが,rules of government という狭い範囲での制度を対象とする。この狭義の制度解釈は,「国家」という組織を構成するルール(の集合)に焦点を当てている。したがってそこでの制度は,国家がその範囲内で活動する制約条件を定義しているといってよい。

他方,オルドー自由主義は,中央計画経済における秩序と対照的に,市場の自生的秩序[1]がもつ法制上の枠組みに焦点を絞っている。戦中戦後の

---

1) 自生的秩序については,ハイエクの厳密な定義とともに,本章2「ハイエクの秩序概

ドイツのおかれた政治的事情から、彼らが国家の活動に対する制約について神経質であったことは確かである。とはいえ、政府に対してどんな制約を課すべきかについて、制度学派経済学が試みたほど厳密には議論をしていない。その理由は、オルドー自由主義の関心が、市場介入を排除するといった政府活動の制約条件よりも、秩序政策を有効に実施していくためには、十分に強力な政府が必要と考えていたからであろう[2]。私見では、政府の役割に関するウエイトの置き方——政府を性善説で捉えるか、性悪説で注意するか——の違いこそ、制度学派経済学とオルドー自由主義の特徴を、もっとも鮮明に浮き上がらせているように思われる。競争的市場過程がもたらす有益な働きを確保するために、オルドー自由主義者たちは、どんな法制上の枠組みが必要と考えていたのか。この点について注意深く検討してみると、実は、法制上の枠組みに関して、彼らは具体的な議論をほとんどしていない。その少なさに驚かされるほどである。政府に対する過信があったのであろうか。政府の活動をあまりにもナイーブに捉えていることは確かだ。いずれにしても、「政府は望ましくない方向に政治権力を振り回すことはない」という、オルドー自由主義者たちの「甘い判断」であることに変わりはない。このこともあって当時、彼らは「社会的に盲目」であるとしてしばしば批判されたのであった。

(3) 結果志向 (outcome-oriented)

前項で検討した制度志向は、社会的市場経済の概念の一面を示しているに過ぎない。社会的市場経済の概念には、結果志向という別の面がある。結果志向で意味するのは、競争的市場過程の成果と、他の社会的諸目標の実現とを両立させるためには、つねに政策的修正が必要となることを強調する考え方である。政策的修正となると、何をどの程度修正する必要があるかということになるから、社会的市場経済の原理に賛成する論者の間でも、

念」において詳細に検討する。

[2] オイケンは、「経済政策原理」(p.339 ff) において、「経済政策上のあらゆる方策は、経済秩序の一般的な建設計画の枠組みの内部でのみその意味をもつ。……したがって、それぞれの経済政策上の措置は、期待される経済秩序を念頭において行われなければならぬ」と述べ、中央管理経済の失敗が明らかになった以上、交換経済的制御方法がより良く機能するような、政府による経済過程の制御が重要になったことを明らかにしている。

政策的修正の中身と範囲に関しては意見が分かれている。たとえば，十分に機能している競争的秩序（パレート最適）こそ，分配問題への政策的配慮によってもたらされる成果を上回る，もっとも優れた社会的成果だという意見から，競争による不公平がもたらす社会的分断効果によって，倫理的，審美的価値が危険に晒されるといった意見まで，多種多様である。

「社会的正義」に関するある基準に従って，市場の結果を修正することは，社会的市場経済の概念，とくに所得再分配政策の意図からすれば，まさに結果志向のひとつの局面といえる。事実，オルドー自由主義者たちは，所得再分配政策の重要性を指摘してきたし，歴代の政府もそれぞれの景気の局面で再分配政策を実施してきた。しかしハイエクは，社会的市場経済（social market economy）の"social"という表現に付与されている意味が曖昧であり，わけのわからない言葉（weasel word）だと厳しく批判した。ハイエクは，"market economy"自体すでに明白な概念をもっているのに，さらに形容詞"social"を加えると，見る人，聴くひと，使うひと，それぞれ自分の好き勝手に判断することになり，"market economy"が空虚な言葉になってしまうというのである[3]。これだけだと，ハイエクの批判は単なる用語の問題に終わってしまうが，実はそれ以上に重大な意味をもっているのだ。彼の批判の真意は，「社会的正義」の基準によって特定の政策結果を実現することは，市場は市場の調整に任せるという，市場本来の原則と両立しないことを，改めて強く主張することにあったからである。

ハイエクは，市場秩序が自生的秩序（spontaneous order）であること，自生的秩序は，個人の自由選択という一般的ルールだけに基づいて生まれるものであること，したがってある結果は，誰かがコントロールしたことによって生まれたものではないことを明らかにし，市場の結果を再分配政策で修正することを厳しく批判したのである。ハイエクの主張に従えば，一方で市場の秩序が生み出す便益を享受しながら，同時に市場秩序の結果を支配することはできない。それは市場の破滅である。ハイエクの自由社会の哲学から社会的市場経済を診断すれば，それは市場経済ではないとい

---

3) たとえば Hayek (1967, p. 83), (1976, p. 79) を参照。

うことになる。繰り返すが，社会的正義の結果志向を充足させようとする意図は，市場が作用するという本来の原理と両立しないというのがその論拠である。

2 ハイエクの秩序概念

(1) 自生的秩序

では，ハイエクは市場秩序をどのように解釈していたのであろうか。ハイエクは，人間社会の進化には，種の進化，知識の進化，社会的・文化的進化の三つの次元があるが，そのなかで，制度の成立と進化を伴う三番目の社会的・文化的進化がもっとも重要と考えていた。制度は，個人の経験や知的習得の成果が，世代を越えて交換され，集積された結果（institutions as interpersonal stores of knowledge）であり，まさに文化的進化だからである。このように，制度の成立と進化がハイエクの秩序概念の基礎となっている。そこで次に，オイケンなどのオルドー自由主義を理解し，制度学派経済学との関連性を確認するために，ハイエクの秩序概念をもう少し整理しておくことにしよう。

ハイエクは秩序を考えるとき，日常の経済取引から出発する。売り手と買い手の交渉には，ある決まりが必要で，そうした決まりが秩序の基礎となるというわけだ。取引に使われる決まりが，時間を超えてある種の規則性をもつようになると，そこに取引秩序が生まれる。大切なことは，この秩序を生み出すのは知識ではなく，人々の行動の規則性だということである。ハイエクによれば，秩序が成立するのは，計画された諸制度の意図した結果として生まれる場合（組織の規制），または，経済主体の意図的行動が，ある意図しない制度的結果を生む場合（自発的秩序）のいずれかである。本質的な言い方をすれば，直接的指示（thesis＝設定された法）のような具体的規則が組織形成の基礎となる場合と，他方，抽象的な規則（nomos＝人為）の遵守が自生的秩序に導く場合である。ここで注意したいのは，複雑な組織がもつ規則と自生的秩序がもつ規則とを区別することである。かりに区別できたとして，多種多様な規則にしたがって出来上が

っている大組織の規則がもつ複雑度よりも,自生的秩序の複雑度の方がずっと大きく複雑だといったら,誰もが驚くだろう。この謎解きは,秩序がどのように出来上がっているかを見ればよい。現代社会のように,人々に共通の目標があるわけでなく,人々の経験や価値に相互関連がないところでの自生的秩序は,人々が抽象的な規則に従っているところで形成されている。この自生的秩序の枠内で,個々人は自由に多種多様な行動を展開しているのだ。これに対して組織は,特定の計画と目的に従って出来上がったものであり,従ってそれほど複雑な規則と秩序は不必要なのである。この比較からも,ハイエクが社会秩序として自生的秩序をいかに重視していたかが分かるであろう。

　さらにハイエクは,自生的秩序に内在する進化の作用を重視した。彼は,自生的秩序における抽象的な規則が,絶えず変化する状況のなかで無数の個人的計画を調整する役割を担っていること,つまり自生的秩序における進化の作用は,自然界におけるエントロピー増大の法則にも似て,自由な経済システムの実現にとって不可欠と考えていた。「市場とは,無知で不完全な知識しか持ちえない人々が集まって,ひとつの安定した状態を発見するプロセスなのである。少なくともそれがハイエクの理解である。自生的秩序は,まさに人々の不完全性のゆえに必要とされ,あくまで均衡を発見するプロセスにほかならない[4]。」ハイエクは,すでに見たように社会的市場経済に対して懐疑的であったが,現代経済学が想定する市場均衡や資源配分の効率性に対しても批判的であった。ハイエクにとって,市場経済は必ずしも完全競争的である必要はなかった。ハイエクはこの上なく自由を尊重したが,現代の自由は,利己的であろうとなかろうと,まったくの赤の他人が試行錯誤(進化)の過程を通じて目的や知識を協同させる自生的秩序のなかで保証されるのである。

(2) ハイエクの秩序とオイケンの秩序

前項(1)で,ハイエクの秩序概念を考察したので,ここでオイケンの秩序概念との比較を試みることにしよう。オイケンの秩序概念は,多くの点で

---

[4] 佐伯啓思 (1985, p.215)

ハイエクのそれと対照的である。たとえば，オイケンは，競争秩序のなかで経済主体の自由な活動が，最終的には均衡を生み出すと考えているのに対して，ハイエクは，自生的秩序のなかで経済主体は均衡を発見するプロセスに置かれると考える。またオイケンは，競争秩序の範囲を広くとり，経済的秩序だけでなく社会的秩序までも含んでいる。当然，競争秩序政策は，国民の経済的要求だけでなく，社会的要求にも応えることになる。したがってオイケンの世界における政府権力はきわめて強大である。これに対して，ハイエクの世界においては，調整を政府ではなく，不完全とはいえ市場に任せている。その意味で，オイケンの秩序は，理性的に設計された秩序であるのに対して，ハイエクのそれは，歴史的，文化的淘汰の過程を経て自生してきた秩序といえる。その違いは，秩序形成の背景にある社会哲学が，ハイエクにあっては進化的合理主義であるのに対して，オイケン（および社会的市場経済の推進者たち）にあっては，設計主義的合理主義であるためである。

　秩序政策の改革によって優れた秩序を作るためには，そうした秩序の基礎になる諸制度への結びつきが，つねに重要である。すでに見てきたように，オイケンは秩序政策の課題をまさにこの点に置いたのであり，そのために競争秩序政策として構成的原理と規制的原理を示したのであった。他方，ハイエクは，十分に練り上げられた制度的改革を用いて，自生的秩序を新規に創りあげることは不可能であり，したがって秩序政策の可能性には限度があると考えていた。端的にいえば，不完全とはいえ，市場に任せることによって諸制度との結びつきが進化的に生まれると考えていた。オイケンは，競争秩序を実現し維持するためには，歴史的「時点」に応じて，異なる種類の経済政策上の方策を必要とすることを痛感していた。彼は，政治的状況が大きく異なるアメリカとイギリスで，競争秩序を実現したいと考えるとき，まったく別種の具体的方策が必要だし，経済政策上の問題の序列も大きく異なるに違いないと判断していた。簡単にいえば，経済政策がジレンマに陥らないためには，「原理と歴史的時点におけるそれの適用とを区別する」[5]必要があることを力説した。

---

5) オイケン（1967, 341頁）

そこで理解の便に供するため，両者の秩序を「原理」として捉えたときの特徴を対比的に表示してみよう。

ハイエクの秩序	オイケンの秩序
成長した秩序（a grown order）	作られた秩序（a made order）
歴史的文化的淘汰を経て自生する自生的秩序（spontaneous order）	人間が理性的に設計する全体的計画の理念をもつ組織（organization）
共通の規制に基づく人々の結合（rule-connected）	共通目標に基づく人々の結合（purpose-connected）
法の支配が慣習的（nomocracy）	法の支配が実定的（telocracy）
社会哲学が進化的合理主義（evolutionary rationalism）	社会哲学が設計主義的合理主義（constructivist rationalism）

この対比は，佐伯啓思[6]が自由社会の基礎哲学を論じ，類型化したものを借用し，整理したものである。前節の結果志向で論じたハイエクの社会的市場経済批判から明らかなように，ハイエクは，現代社会の秩序を表の左欄のように考えるべきだと主張したのであった。その理由はこうである。現代の科学は，事物の本質的真理といった観念を受け入れず，事実との適合性のなかにのみ妥当性の基準を見つけようとしている。この考え方は，照合する事実が変われば，真理（妥当性）も変わることを意味するから，真理は条件つきで相対的なものとならざるをえない。このジレンマから逃れるためには，絶対的なものの存在を暗黙裡に仮定はするが，そこに到達するためには，進化的に試行錯誤（try and error）を繰り返すほかない。誤りを排除する否定的検査（negative test）を繰り返すほかない。市場経済が自由を保障するのは，それが選択の自由や効率性をもたらすからではなく，それが「法のもとでの自由」と両立する唯一の自生的秩序だからである。こうしてハイエクは，進化的合理主義に到達することになる。

---

6) 佐伯啓思（1985, pp.212 ff）

さらに，佐伯のつぎの文章を引用しておこう。ハイエクの主張をさらによく理解できると考えるからである。「現代社会はこの（秩序概念の）いずれの類型につくべきなのか。答えは明白である。現代では，個人の領域の拡大の結果，人々の経験や価値は無限に分節され，それら相互の関節は取りはずされる。この大規模社会では，人々の間にもはや共通の目標はなく，したがって設計主義的合理主義が有効に作用する余地はない。人々はただ一般規則によってのみ相互に結びつけられる。……一般規則はその一般性のゆえに抽象的であり，その抽象性のゆえに自然なのである。かくて自由主義とは抽象的な法の支配による自由以外のなにものでもない[7]。」

(3) オルドー自由主義と制度学派経済学

政治経済学は，古典派であっても現代版であっても，実証分析と規範的探究を体系的に結びつけ，望ましい経済秩序とそれに見合った制度的枠組みがもつ特徴を明らかにする[8]。現代制度学派経済学には，規範的次元の特徴をもつ二つの要素がある。一つは，どのようにして秩序に見合った制度的枠組みが出現してくると期待できるか，という問題への接近であり，もう一つは，制度的取り決めを規範的に評価するための最終的基準として，関係者間の同意を得るという問題である。これら二つの要因は，厳密さの程度に多少差があるものの，オルドー自由主義の秩序理論の特徴でもある。

　制度学派経済学は，ルールや制度の適当な枠組みが生まれるとき，選択の役割を強調する。選択を強調することによって，実証的比較制度分析の重要度が高まる。それは，選択の対象となるルールや制度が，実際にどの程度役立つかについての情報が，実証的比較制度分析によって提供されるからである。これに対してオルドー自由主義者たちは，秩序の枠組み作りにおいて，組み立ての仕事と政策上の仕事とに，同じウエイトを置いた。彼らは，適当な経済構造の実現に向かって経済は自発的に成長するものだ，といった楽観的展望を疑問視した[9]。彼らは，比較制度分析の考え方は一般的でないかも知れないが，経済学の重要な課題は，制度の機能的特徴に

---

7) 佐伯啓思（1985, p.213）を参照。
8) たとえば Robbins (1981, pp. 7f) を参照。
9) Eucken (1952, pp. 26f) を参照。

第8章　オルドー自由主義の現代的評価　　163

関する情報を提供することだと考えていた。ただし、彼らが「適当な」枠組みとか、「望ましい」秩序という概念を使うとき、当然のことであるが、彼らは、ある種の規範的基準や評価基準を事前に予想している。これを用いることで、他の制度や取り決めとの比較が可能となり、優劣を判定できる。

　オルドー自由主義者たちも制度学派も、ともに選択という視点を重視するが、これら二つのアプローチの間には、選択の自由という基準を規範的理由づけとして取りこむ方法に、差異があるように思われる。オルドー自由主義者たちは、個人的自由の価値が重要な規範的基準として採用されさえすれば、「適当な」秩序の選択は、主として実証的議論の問題と考えている。これに対して制度学派は、選択の領域で分析者となる見込みのある個人の役割を定義する点で、より注意深い。制度的選択の過程で投入される情報の大きな役割が強調されるとはいえ、制度学派は、あるルールや秩序が適当であることについての最終判断は、関係した個人にはっきりと任せている。したがって関係した人々の同意こそが、この取り決めが適当であること、良いことの重要な証しなのである。同様に、当事者間に同意が成立するとき、その双務的取引は効率的なのである。

3　オルドー自由主義の現代的評価

オルドー自由主義の現代的意義を改めて問うとき、まず、通貨改革のわずか2年後の1950年に、レプケ[10]が西ドイツにおける再分配政策の行き過ぎ、補助金給付、政府の官僚主義について警告を発したこと、さらに10年後の1960年には、ミュラー・アルマック[11]が、ドイツ経済は社会的市場経済の完成に向けて第二段階に入ったことを宣言し、(a) 教育システムの整備による人的資本への投資、(b) 新企業による雇用拡大、(c) 企業の意思決定システムの分権化による個人の責任の強化、(d) 景気安定政策手段

---

10)　Röpke, Wilhelm (1950)
11)　Müller-Armack (1960)

の新規開発, (e) 安全, 保健など, 企業における勤労条件の改善, (f) 公害規制, 都市再開発, 公園整備, 社会資本計画の協調, (g) 自立・自助を原則とした斜陽産業への援助と貧窮層援助, (h) 開発途上国への援助といったプログラムを提案したことを, 改めて思い出す。周知のように, レプケはナチス時代に難を逃れてジュネーブに滞在し, 戦後もドイツには帰らなかった。しかしドイツの経済発展への思い入れは格別であった。ドイツから離れてはいたが, 逆にそれだけに大所高所からドイツ経済の問題点を指摘することができたのかも知れない。現在時点もさることながら, 1970〜80年代における西ドイツの低成長, 失業率上昇を考えると, レプケの警告が, ドイツ経済の活力維持と社会的公正の実現にとって, いかに先見性に富むものであったかが分かる。

　また, ミュラー・アルマックのプログラムにしても, 公害規制・環境整備や開発途上国への援助など, いくつかの項目が具体化されたに過ぎない。しかしミュラー・アルマックの提案は, ドイツ経済の長期的発展にとってまことに重要な政策命題であった。彼は戦後, ケルン大学教授であったが, 1952年以降は「象牙の塔」を抜け出し, 連邦経済省で活躍した。エアハルト経済相（後に首相）の右腕として, 経済政策の策定に携わった実際家であった。上記のミュラー・アルマックのプログラムは, 産業界だけでなく, 社会主義, オルドー自由主義など, 多様なイデオロギーで彩られた学界同僚にも向けられたものである。連邦経済省での彼の業績は, 当時すでに高い評価が与えられていた。それにつけても残念なことは, オルドー自由主義のリーダーであったオイケンが早くこの世を去ったため, ドイツ経済の発展過程についての発言や評価を聞く機会がなくなったことである。第6章の冒頭で記したように, 歴史学派を攻撃し, 「方法論争」の不毛性を論難したオイケンであったのであるから, 彼が実際の政策問題に直面して, いかなる理論づけと処方箋を提示したか, 想像するだけでも興味深いものがある。

　社会的市場経済の原理を包括的に示したとされるオルドー自由主義であるが, 戦後60年弱, ドイツ経済の歩みを回顧するとき, いくつかの政策でその論究が不十分であったことは否めない。その第一は, オイケンが提示した秩序政策の構成的原理（konstituierende Prinzipien）である。たと

えば自由主義を保証する行動規則や制度といっても，それが具体的にどのような内容をもって現れてくるのか，それが秩序形成にどのように関係しているのかが明らかでない。行動規則や制度は，多かれ少なかれ，目標に叶っており，したがって適当と判断されることが多いものである。また多種多様でもある。他方，経済発展の過程で実現が期待される秩序は，当然，その具体的内容が変化するであろう。したがってそこで自由主義に則った秩序というとき，それはある特定の出来上がった状態ではなく，むしろ経済政策がこれから実現を狙う目標である。オイケンが，歴史的に見た秩序は「決められた」秩序ではなく，「発育した」秩序だといったのも，秩序を静的ではなく動的に解釈しようとする現れといってよい。私の印象では，構成的原理に従って秩序が形成されるとき，国家（政府）の果たす役割と機能はきわめて大きい。しかし社会を構成する民間経済主体が，いったいどのようにして秩序形成に参加するのか，オイケンの論説からは見えてこないのである。つまり，どのようにして，あるひとつの競争秩序が，ある人間によって意識的に創られていくのかという変革の問題を，具体的に見通すことができないのである。

　第二は，規制的原理（regulierende Prinzipien）の作用である。オイケンのいう経済秩序が多義的であることの他に，オイケンのいう完全競争がドイツ語でvollständige Konkurrenzであり，新古典派が定義するvollkommene Konkurrenz（perfect competition）と異なることも，オイケン経済学についての理解を難しくしている理由かも知れない。オイケンと同世代の学者の中には，シュンペーターやハイエクのような例外もあるが，当時，大部分のドイツの経済学者は，戦中戦後のアメリカやイギリスの経済学の発展を完全にはフォローしていなかった。オイケンが完全競争というとき，それは，アングロサクソン流の完全競争ではない。彼の形態学上のモデルから，市場形態が市場調整過程の決定要因であるという独特の考え方がでてくる。

　その詳細は彼の主著 Grundlagen der National-ökonomie（1940）に譲らなければならないが，簡単にいうと，それぞれの市場形態の中で，市場参加者としてふさわしい調整が行われ，秩序づけられることによって，完全競争が成立すると考えるのである。つまり，競争秩序によって，別言す

れば，第6章3(1)および(2)で示したように，構成的原理に規制的原理が追加されることによって，市場が限りなく完全競争市場に近づくというわけである。当初から，新古典派が定義する完全競争市場が存在するわけではない。秩序政策の投入によってはじめて，当初不完全であった市場が完全（vollständig）になるのである。新古典派の完全競争市場では，定義にしたがって完全であるから，調整要因は価格だけである。それに対してオイケンの想定する完全競争市場は，競争秩序がもたらす最終的目標といってよかろう。繰り返すことになるが，この目標を実現するためには，価格以外に，前述した分野で競争を促進する構成的原理と規制的原理の調整作用が必要になるのである。現代では，不完全競争市場を是正するために，規制緩和が優先されるのに対して，オイケンは，構成的原理のもとに規制的原理を加えることによって，つまり政府の政策介入によって完全競争市場の実現を狙っている。

　オイケン経済政策の構図は完全なものではなく，また遣り残された分野も多い。彼は多くの個別政策にも言及したが，その政策提言はときとして調和的でなく，アンビヴァレントな内容である。しかしそうした欠点は，戦中・戦後のドイツ経済学界が置かれた特殊な孤立状況と無縁ではないであろう。自由主義に則した，秩序に関するオイケン独自の考え方からくる，体質的なものと見るのも，独断に過ぎるようである。むしろなぜ，オイケンがあれほどまで執拗に競争秩序を考え続けたのか，競争秩序がなぜ現代においても重要なのかに思いを馳せることが，オルドー自由主義の現代的評価につながるように思われる。

　「万事昔と変わらないためには，多くのことが変わらなければならない」という言い古された箴言がある。この言葉は，オルドー自由主義の将来を考えるとき，とくに大きな現実性がある。オルドー自由主義が提示した秩序政策の重要性は，過ぎ去った20世紀後半のドイツの産物である。国家（政府）と社会との間に特定の関係を規定し，相対的に信頼される政府部門が調整するという政治的・制度的文脈は，戦後ドイツの置かれた政治状況から生まれたものである。そしてオルドー自由主義の秩序政策は，社会的市場経済体制のもとで，50〜60年代，世界各国が羨むほどの高度成長と社会的公正を達成した。しかしドイツをとりまく経済的・社会的状況が

第8章　オルドー自由主義の現代的評価　167

大きく変わった現在，オルドー自由主義もまた変わる必要がある。

　新聞のトップを飾る大事件だけでなく，毎日出会う細々した事件も，歴史的諸要因の影響を受けて変化していく。したがって原理的にいえば，そうした事件はわれわれにとって当初から未知である。われわれは，経済過程がもたらす結果について，科学的に裏付けられた正確な予測をすることはできない。せいぜい一般的な諸原理についていうことができるだけである。だからこそ，国際的にも国内的にも，望ましい秩序を再構成し，分析し，考慮する努力を続けなければならないのだ。オルドー自由主義が戦後のドイツで挑戦したように，21世紀の秩序問題への挑戦は，これを避けて通ることができない。これまでのオルドー自由主義の実績を参考にしながら，21世紀の秩序のあり方を推論すると，(a) 自由経済体制のもとで，政府は国内経済・社会で今後どのような分野でその役割を増大していくのか，(b) グローバル化のなかで，市場，国家，社会の関係はどのように発展するのか，各国政府は，国際，国内両面で生ずる不安定性にうまく対処できるのか，国内的にも国際的にも，共通した公正の概念が使えるのか，市場の調整能力の限界をどのようにカバーできるか，といった問題に取り組むことになるであろう。明らかに，21世紀における秩序のあり方は，オルドー自由主義のドイツだけの課題ではなく，われわれ日本にも課せられたまさに世紀の宿題なのである。

終　章

　社会的市場経済は，戦後のドイツ経済に秩序と繁栄をもたらしたが，それは間違いなく20世紀の産物である。社会的市場経済は，戦後ドイツという特定の政治的，制度的文脈のなかで，二度にわたって大きな成果をもたらした。一度は戦後の西ドイツにおいて，もう一度は1990年統一後のドイツにおいてである。その具体的成果は，社会的公正と社会の安全が支配する社会国家の建設である。社会的公正は不平等の解消によって，社会の安全は弱者保護，社会扶助，年金・保険など各種社会保障制度の充実によって実現した。しかしすでに半世紀以上の歳月が経過するにつれて，社会的市場経済を支えてきた多くの要因が変化したため，時にはその破綻が囁かれるほどになった。

　この傾向を加速したのが1980年代のサッチャー・レーガンによる新保守主義改革である。端的に言えば「政府から市場へ」の動きである。新保守主義は，市場を万能視し，自己責任・自助努力をモットーとし，低福祉低負担を志向する。とくにアメリカのニュー・エコノミーの成功にも刺戟され，社会的市場経済の影は薄くなった。社会的市場経済が志向する政府主導の福祉国家の将来を危ぶむ声が聞かれるようになった。さらに1990年代のグローバリズムと技術革新の進展が，多国籍企業の世界的展開を可能にし，ドイツ経済をとり巻く経済的，社会的環境をさらに大きく変化させることになった。21世紀の社会的市場経済はどのような特徴をもち，発展していくのであろうか。この終章では，第一にグローバリズム，第二に東西統一によるドイツの経済体質の劣化と欧州統合の進展（深化と拡大）という，新たな要因を考慮しながら，社会的市場経済の将来を展望す

ることにしたい。

(1) 市場主義の限界

グローバリズムが推進する市場主義は，国際的にも国内的にも，競争を通じて強い者をより強く，弱い者をより弱くする結果をもたらしてきた。市場主義には多くの利点があるが，他方で，市場主義がもたらすこうした社会的歪みを放置すれば，雇用の安定，分配の公正，福祉の維持，環境の改善は覚束なくなる。これに関連して思い出すことは，1997年3月14～15日，ベルリンで開催されたトンバッハ・ラウンドテーブルでの討論に提出された数々の貴重な意見である。シンポジウムの主題は「多国籍企業と倫理」であり，この会議の目的は，まさに市場原理のグローバルな拡大がもたらす功罪を明らかにすることであった。ここでその全貌を伝える必要はないが，グローバリズムを世界企業の利潤極大行動だけに任せておけば，世界経済は解決困難な社会的紛争と危機に見舞われることになるという点で，参加者の意見は一致した。21世紀の世界経済は，経済的グローバリゼーションとともに倫理的なグローバリゼーションを必要とする。21世紀の世界経済秩序の構築に役立つのは，世界各国の政治家がグローバル・エシックの必要性を認識することであり，現実主義的な経済人たちが，理想主義的な基礎に裏付けられた責任の倫理を持ち続けることだという点で，多くの参加者の賛成がえられたのであった。

　この倫理が神の掟であれば，共通の倫理として通用するかも知れない。しかしグローバル化した世界経済にあって，世界の誰もが認めるような，文字通りグローバルに妥当する倫理基準はない。それぞれの地域の異なった文化や歴史のなかで生まれてきた倫理を，全部集めたからといって，共通する倫理になるはずがない。したがって，グローバル・エシックの重要性は認識されても，その具体化をめぐって意見が分かれる現状では，グローバル・エシックの実現は，所詮「百年河清を待つ」に等しいのかも知れない。しかしグローバル・エシックの誕生という現実離れの話題をここで取り上げたのは，もうひとつ別の視点からグローバルな問題を提供すれば，これが現実離れどころかきわめて切実な問題であることが分かり，21世紀においても「社会的市場経済」の機能と役割が国内的，国際的に重要で

あることを理解できると思うからである。

　もうひとつ別の問題というのは，カール・ポッパー（1945/1973）の『開かれた社会とその敵』（*Die offene Gesellschaft und ihre Feinde*）での主張である。彼はこの著作で，共産主義と自由放任主義は正反対だけれども，実は非常によく似ていると述べている。共産主義や国家社会主義のイデオロギーは，自分たちの価値概念が絶対的真理を含んでいると主張して，その価値概念を暴力ないし権力で強制した。他方，これと正反対に，そうした価値概念を誰もが他人に強制できない社会を考えることができる。それがオープン・ソサエティで，そうした社会を支えているのが自由経済である。では，皆が自由にやって全部うまくいくかというと，そうではなくて，30年代の不況のような混乱と悲劇を引き起こす。その意味では，一見反対に見えるけれども，自由放任経済も大きなリスクを内包している。つまり，自由経済体制で市場調整力に任せておけばすべてうまくいくという市場原理の支配的な信念も，それは一種の魔術であって，共産主義が他人に強制した魔術と同じ結果をもたらしかねない。自由放任主義は，特定の利益に勝る公共の利益があることを認知しない。そうした自由放任主義は，結局自らがオープン・ソサエティを壊してしまう，というのがポッパーの言いたかったことである。

　共産主義や国家社会主義であれば，グローバル・エシックを決めて，これを絶対的な価値概念であると強制できるかも知れない。しかし自由な社会においては，周囲に気を配り，社会的配慮に責任をもつという最低の倫理概念をもつことが，組織の単位の大小にかかわらず必要である。社会的市場経済が尊重する連帯，公正，正義の意識こそ，社会の安定と安全にとって不可欠であることが分かる。

(2) 21世紀の社会的市場経済

1997年1月30日，エアハルト生誕百年の記念式典において，コール首相（当時）は「いまやすべてのドイツ国民が，もう一度社会的市場経済に深い意識と関心を持つべき時期だ」と述べた。戦後から70年代半ば頃まで，人々は成長と福祉の充実に強い関心をもち，したがって社会的市場経済についても意識が強かった。これに対し90年代も終わり近くなると，コー

ル首相が改めて意識を喚起したほど，国民の社会的市場経済への関心は薄くなってしまった。その理由を断定することは難しい。しかし国民の多くは，社会的市場経済がこれまでもたらした福祉の成果，生活水準の向上についてはよく知っているが，十分な生活水準に到達したいま，自分の生活をこれ以上競争，効率，自己責任の追求に追いやることを欲していないようである。アレンスバッハ世論調査によると，多数のドイツ国民は将来が今よりよくなるとは見ていない。回答者の 60％は社会的格差の増大を，58％は他人への配慮の欠如と利己主義の横行を予想している。この統計資料を見るかぎり，社会的市場経済の「社会的」という言葉のなかに倫理的概念が含まれていることを，ひとびとは忘れてしまった（ないしは知らない世代が多くなった）ようである。

　「豊かな社会」の実現が国民の間に多様な価値観を生み出すとともに，福祉国家への回帰に疑問を抱くようになった。この疑問は，福祉国家を自らのアイデンティティとしてきた社会的市場経済にとって大きな危機が到来したことを意味する。ただ，注意すべきことは，市場主義の世界各国への浸透が各国国民経済の崩壊に直結するわけではないことである。仮に市場主義が浸透しても，ドイツの国民経済が崩壊してしまうわけではない。ドイツの経済システム（社会的市場経済）が影響を受けるだけである。ドイツ国民の多くが社会的市場経済に魅力を感じなくなっているのは，新しい経済環境（たとえば欧州統合の深化と拡大や，アメリカン・スタンダードの氾濫）に社会的市場経済が十分に対応できなくなっているからである。社会的市場経済自身のシステム改革が遅れてしまったからである。魅力は与えられるものではなく，自分たちの努力で創るものである。

　こうしてドイツ経団連（BDI），ドイツ経営者連盟（BDA）が先頭にたって，2000 年秋「新・社会的市場経済運動」（Initiative Neue Soziale Marktwirtschaft）が発足した。これは，悲観主義に陥りつつあるドイツ人に元気を取り戻してもらおうという運動で，そのスローガンは「万人にチャンスを」（Chancen für alle）である。エアハルトが戦後の復興期・成長期に掲げたスローガン「万人に福祉を」（Wohlstand für alle）[1]に倣った

　1）　第1章「1 社会的市場経済の出発」を参照。

わけではないだろうが,「福祉」に代わって「チャンス」が強調されたところに新味がある。つまり社会民主主義の中心を国家から企業, 市民に移すことによって市民に「やる気」を起こさせ, 政策的主張として, 結果の平等から機会の平等を徹底しようというわけである。この運動を推進する管理委員会のトップ, ティートマイヤー (前ブンデスバンク総裁) は, 運動の目的を「ドイツにこれまでと違う雰囲気, それも出発, 新生, 改革の雰囲気を創ること」と明言している。1999年の世論調査の結果によると, ドイツ人は「改革」という言葉で希望より不安を強く意識するという。改革によって改善を期待する割合は15％に過ぎない。ドイツの経済システムを積極的に評価する割合は47％と半分以下に落ち込んだのである。

しかし注意すべきことは, 福祉国家を建設し維持していくことが, 経済の重荷であり競争を阻害するという否定的見解が, ドイツで主流を占めるまでには至っていないことである。その基本的理由として, 社会的市場経済の原理がリベラリズムの思想に根ざしていることがあげられる。リベラリズムの考え方は, 市場は万能でなく, したがって経済安定化のためには政府の市場介入が不可欠であると考える。そして相対的に高福祉高負担を志向し, 社会的弱者を含めて社会的異端に対して寛容である。明らかにリベラリズムは, 保守主義すなわち市場万能, 自己責任・自助努力をモットーとする考え方と激しく対立する。それ以外に, ドイツでなお社会的市場経済の原理が尊重される三つの政治的, 社会的理由をあげておきたい。

第一は, 福祉国家の定着という実績が, 経済政策の進路を不可逆的にしたことである。福祉の充実が高負担を要求することが分かっていても, 市民の多くは高齢化の進展が福祉の必要性を高めることを知っている。90年代になって目立ち始めたハイテク分野の立ち遅れ, 競争力の低下, 成長率の低下, 失業率の上昇は, まさにドイツ経済の体質劣化を象徴していた。同時に年金改革に見られるように, 福祉の水準と質も低下した。しかし石油税の増税と新設の電力税によって実現した環境税 (Ökosteuer) に見られるように, 所与の制約条件の中で, 福祉増進を忘れていない。環境税は, 税収を老齢年金の掛け金比率の引下げに充当するもので, 税制に環境と福祉をからませた新しい工夫なのである。

第二は, 1990年の東西ドイツ統一が, ドイツ経済に東ドイツの福祉充

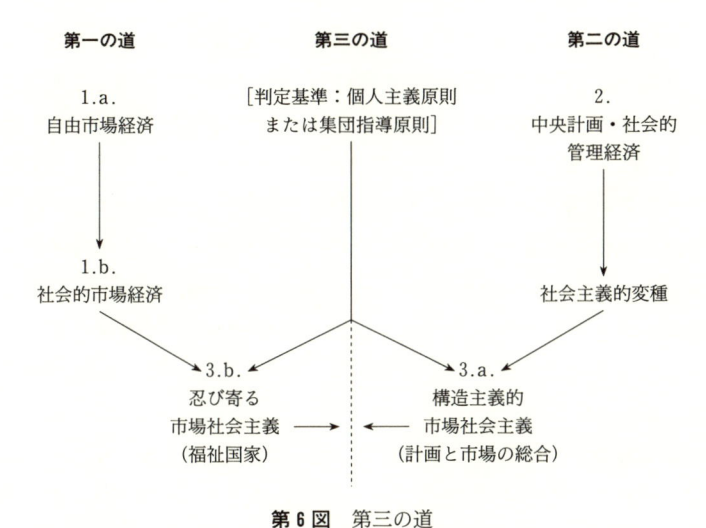

```
    第一の道              第三の道              第二の道

    1.a.          ［判定基準：個人主義原則        2.
   自由市場経済       または集団指導原則］      中央計画・社会的
                                         管理経済
      ↓                                     ↓
    1.b.                                  
  社会的市場経済                          社会主義的変種

         ↘  3.b.            3.a.  ↙
            忍び寄る         構造主義的
           市場社会主義 ──→ ←── 市場社会主義
           （福祉国家）       （計画と市場の総合）
```

第6図 第三の道

出典) Schüller, Alfred, "Soziale Marktwirtschaft und Dritte Wege", *ORDO* Bd. 51, 2000, p. 170.

実という重大な課題を新たに与え，退潮を示しつつあった社会的市場経済に使命と息吹を与えたことである。第3章で詳述したように，統一後10年という短期間に東西ドイツの年金格差は急速に縮小したが，これは正義と連帯に基づく社会的市場経済の成果の一例といってよい。

　第三は，経済政策の基本路線である社会的市場経済の原理が，キリスト教民主（社会）同盟（CDU，CSU）だけではなく，社民党（SPD）の政策原理[2]でもあることである。政策の重点の置き方には当然差異があり，両党それぞれの特色が出ることになるが，社会的市場経済の基本哲学にそれほど大差があるわけではない。そのため，政権が変わっても政策の持続性と安定性が維持され易く，戦後から現在まで，ドイツに社会的市場経済が定着したのである。たとえばSPDは2002年9月の総選挙に勝ち，現在シュレーダー内閣は第2期に入っている。シュレーダー首相は，イギリスのブレア首相らとともに「第三の道」[3]という政策路線を歩もうとしてい

---

2) 1959年，SPDがバート・ゴーデスベルグ綱領を採択したことは，伝統的労働者政党からの脱皮である。これによりCDU／CSUが設定した政策原理である社会的市場経済体制の受け入れだけでなく，政権獲得のために必要な新中間層への政策浸透を可能にしたのである。

る。「第三の道」は，シュッラー[4]の図解からも推論されるように，自由経済（第一の道）と中央計画経済（第二の道）の中間に位置しており，政策内容にかなりの幅がありうる。たとえば図解の 3.b.（福祉国家）は，（第一の道）に属している社会的市場経済からも（第二の道）からも接近可能である。「第三の道」は，時代に即した新風を社会民主主義に吹き込むものと期待させるが，実際の政策プログラムは，「公正」と「イノベーション」を除いて，中道を強調するシュレーダー首相のもとで伝統的な福祉国家路線を展開しているといってよい。「第三の道」の政策的新味を過小評価することはもちろん許されない。そのことは，「第三の道」の政策綱領にかなり幅があるだけに，イギリス，フランス，イタリアなど，ドイツを除く社会民主主義政党を評価する場合にとくに妥当する。2002年の総選挙でドイツ社民党（SPD）が勝ったことは，この政策スローガンの新味がものを言ったといえるが，他方で「社会的公正」や「平等」の解釈が社会的市場経済の原理の再確認であったことが安心感を与え，新中間層の支持を増加させたともいえるのである。

　ドイツ経済はいま構造改革の途上にあるが，改革はこれまで同様，社会的市場経済の枠組みを維持しながら進められることであろう。社会的安定性への配慮から，そのスピードは一見遅いようであるが，ひとつ，ひとつの仕上がりはきわめて堅固であるに違いない。

---

　3)　「第三の道」については，A. ギデンス『第三の道－効率と公正の新たな同盟』（佐和隆光訳），1999を参照。
　4)　Schueller, A. (2000, p. 170)

あとがき

　本書で取り扱ったドイツ経済政策，とくに社会的市場経済の原理を研究対象とする直接のきっかけは，(財)二十一世紀文化学術財団の学術研究奨励事業からのお勧めである。実はこのお勧めには，ひとつの歴史がある。それは東京電力株式会社の社長，会長を歴任され，経済同友会代表幹事を務められた木川田一隆氏のことである。当時，経済同友会は，ドイツの財界団体であるCEPESと密接な関係にあり，企業の社会的責任などをテーマに定期的な会合をもっていた。その縁で私は木川田会長をはじめ，わが国財界人のかたがたとともに何度か(西)ドイツを訪れる機会に恵まれた。木川田会長は，ドイツの社会的市場経済の政策運営と，ドイツ企業の共同決定の実態にとくに強い関心をもたれ，帰国後，ドイツのリベラリズムについて研究することの重要性を示唆された。

　それから何年の歳月が流れたことであろうか。(財)二十一世紀文化学術財団から二十一世紀叢書として出版のお勧めを頂いたとき，正直言って私は大いに迷った。結局，この研究が木川田会長の示唆に応えることのできる最後の機会だろうと判断して，文字通り1頁から書きはじめたのである。ここに不完全ながらも一書にまとめることができたのは，学界，産業界で活躍されている多くの方々のご教示とご指導のお蔭である。記して心からの感謝を申し上げたい。

　私はこの小著を，ドイツのリベラリズム研究の重要性を教えてくださり，ご自身もこの上なくドイツが好きであられた木川田一隆会長の御霊前に捧げたいと思う。捧げるにあたり，最後だけ木川田さんとお呼びすることを許していただきたいのであるが，拙い意見や論文を献呈したとき，いつも

そうであったように，木川田さんは暖かい微笑をもってこの作品を受けとってくださることであろう。

　本書の出版に関しては，前述したように，（財）二十一世紀文化学術財団の依田　直理事長代行と南部鐵也理事（事務局長）のお二人から，暖かいご声援と格別のご配慮をいただいたことに心から感謝したい。木川田さんと深いご縁のあるお二人が，有難いことにドイツの経済と社会に関する研究の掘り起こしを勧めてくださったのである。つぎに本書の刊行を快く引き受けてくださった知泉書館社長小山光夫氏に対しても，心からの謝辞を申し上げたい。私の原稿を通読後，率直な感想をくださっただけでなく，手際よい編集作業を進めて本書の完成に協力してくださった。会話のなかで私を見守る小山氏の暖かく，しかし出版のプロとしての厳しい眼差しを忘れることができない。

　もう一つ書きとめておきたいことがある。それはまったく私的なことなのであるが，本書が出版される2003年は，私が1953年初めてドイツ（キール大学）に留学し，研究を開始してから丁度50年になるということである。その間1964年と1968年の二度，客員教授としてキール大学で教える機会に恵まれ，1971年にはキール大学世界経済研究所で日本，ドイツ，アメリカの国際競争力に関する共同研究に参加することもできた。さらに国際会議への参加，資料収集，産業調査などの目的でかなり頻繁にドイツを訪ね，ドイツ経済・社会の動きに関心をもってきた。こうして50年が経過した今年，不完全ながらドイツ経済について一書にまとめることができたことを，私は心から喜んでいる。

　　2003年7月

　　　　　　　　　　　　　　　　　　　　　島　野　卓　爾

引用・参考文献

日本語文献（五十音順）

相澤啓一（1990），「東独崩壊の構図」『ドイツ研究』日本ドイツ学会，10号，38-43.
青木昌彦（1984），『現代の企業』岩波書店.
青木昌彦（1995），『経済システムの進化と多様性』東洋経済新報社.
青木昌彦・奥野正寛（1996），『経済システムの比較制度分析』東京大学出版会.
青木昌彦（2001），『比較制度分析に向けて』（滝沢・谷口訳）NTT出版.
浅見政江（1994），「EC・国家・地域関係と補完性原理」『EC・国家・地域』日本EC学会年報，14号，1-14.
M. アルベール（1995），『資本主義対資本主義』竹内書店新社.
伊藤秀史（編）（1996），『日本の企業システム』東京大学出版会.
稲垣良典（1970），『トマス・アクィナス哲学の研究』創文社.
稲垣良典（1997），『トマス・アクィナス倫理学の研究』九州大学出版会.
今道友信（1980），『アリストテレス』（人類の知的遺産8），講談社.
岩井克人（1985），『ヴェニスの商人の資本論』筑摩書房.
牛田徳子（1991），『アリストテレス哲学の研究』創文社.
大石紀一郎（1990）「なぜ今国民国家的統一なのか？」『ドイツ研究』日本ドイツ学会，10号，43-53.
加藤栄一（1997），「ドイツ社会保険福祉国家の動揺」『ドイツ研究』日本ドイツ学会，25号，2-21.
加藤秀治郎（1996），「統一以後のドイツ政党制」『ドイツ研究』日本ドイツ学会，22号，13-23.
神作裕之（2002），「委員会等設置会社におけるガバナンスの法的枠組み」『日本労働研究雑誌』507号，4-18.
木戸英衞一（1999），「東風は西風を圧するか？」『ドイツ研究』日本ドイツ学会，28号，27-40.
工藤　章（1995），「統一ドイツの東欧進出」『ドイツ研究』日本ドイツ学会，21号，46-53.
ギュンター・グラス（1990），『ドイツ統一問題について』，中央公論社；Grass, Günter (1990), Deutscher Lastenausgleich. Wider das dumpfe Einheitsgebot（高本研一訳）

神田秀樹 (1994),「企業法制の将来II－ヨーロッパのコーポレート・ガバナンス－」『資本市場』, No.111, 34-49.
小山明宏 (2002),「コーポレート・ガバナンスの日独比較」『ドイツ研究』日本ドイツ学会, 33／34号, 47-63.
佐瀬昌盛 (1995),「統一ドイツの東方政策－その基質－」『ドイツ研究』日本ドイツ学会, 20号, 1-18.
佐伯啓思 (1985),『隠された思考』筑摩書房.
澤田昭夫 (1992),「補完性原理　The Principle of Subsidiarity 分権主義的原理か集権主義的原理か」『EC統合の深化と拡大』日本EC学会年報, 第12号, 31-61.
佐和隆光 (1988),『経済学における保守とリベラル』岩波書店.
島野卓爾 (1996),『欧州通貨統合の経済分析』有斐閣.
島野卓爾 (2003),「二つの資本主義と補完性原理」『ECO-FORUM』, 統計研究会, Vol.21, No.4, 4-11.
ドイツ・ブンデスバンク編・呉文二／由良玄太郎監訳・日本銀行金融史研究会訳 (1984),『ドイツの通貨と経済　1876～1975年』上・下巻.
藤内和公 (1997),「雇用・規制緩和と労働時間法」『ドイツ研究』日本ドイツ学会, 25号, 22-29.
長尾 悟 (1994),「補完性の原理とEU政策決定」『EC・国家・地域』日本EC学会年報, 14号, 15-36.
野田昌吾 (2000),「ドイツ政治の変容とドイツ社会民主党」『ドイツ研究』日本ドイツ学会, 31号, 7-16.
走尾正敬 (1999),「シュレーダー赤・緑政権, 混迷からの再出発」『ドイツ研究』日本ドイツ学会, 28号, 15-27.
走尾正敬 (2000),「グローバル化でドイツ株式会社は終わる？」『ドイツ研究』日本ドイツ学会, 31号, 2-7.
広渡清吾 (2002),「制度としての国民国家」『ドイツ研究』日本ドイツ学会, 35号, 8-20.
深尾光洋・森田泰子 (1997),『企業ガバナンス構造の国際比較』日本経済新聞社.
ディヴィッド・マーシュ (1993),『ドイツ連銀の謎』ダイヤモンド社. Marsh, David (1992), The Bundesbank (行天豊雄監訳；相澤幸悦訳).
宮本光晴 (1997),「パラダイムとしての比較制度分析」『経済研究』, 176-179.
吉森 賢 (2001),『日米欧の企業経営』放送大学教育振興会.
G. E. R. ロイド (1973),『アリストテレス――その思想の成長と構造』(川田殖訳), みすず書房.

外国語文献（ABC順）

Acton, Harry B. (1972), *The Morals of Markets. An Ethical Exploration*.
Alesina, Alberto (1988), Macroeconomics and Politics, *NBER Macroeconomic Annual*, 13-52.

Baums, Theodore (1992), "Corporate governance in Germany: The Role of the Banks", *American Journal of Comparative Law*, 503-526.

Bebchuk, Lucian and Allen Ferrell (1999), Federalism and Takeover Law: The Race to protect managers from takeovers, Working Paper 7232, National Bureau of Economic Research.

Bebchuk, Lucian, Reinier Kraakman and George Triantis (1999), Stock Pyramids, Cross-ownership, and Dual Class Equity: The Creation and Agency Costs of Separating Control from Cash Flow Rights, Working Paper 6951, National Bureau of Economic Research.

Berle, A. and Gardiner Means (1932), *The Modern Corporation and Private Property*. 北島忠男訳 (1958)『近代株式会社と私有財産』文雅堂.

Bernholz, Peter (1979), "Freedom and Constitutional Economic Order", *Zeitschrift für die gesamte Staatswissenschaft*, 520-532.

Bless, Josef (1959), "Subsidiaritätsprinzip und berufsständische Ordnung in Quadragesimo Anno", *Ordo-Jahrbuch*, Bd. 11. 365-373.

Böhm, Franz (1928), "Das Problem der privaten Macht", *Die Justiz*, Bd. 3, 324-364.

Böhm, Franz (1933), *Wettbewerb und Monopolkampf*.

Böhm, Franz (1950), "Die Idee des Ordo im Denken Walter Euckens", *Ordo-Jahrbuch*, Bd. 3. XV-LXIV.

Böhm, Franz (1960), *Reden und Schriften*.

Böhm, Franz (1980), "Privatrechtsgesellschaft und Marktwirtschaft", in: Franz Böhm (Hrsg.), *Freiheit und Ordnung in der Marktwirtschaft*, 105-168.

Bounding, K. E. (1970), Economics as a Science. 清水幾太郎訳 (1971)『科学としての経済学』, 日本経済新聞社.

Centre for Economic Policy Research (Hrsg.)(1993), *Making Sense of Subsidiarity: How Much Centralization for Europe?*

Coase, R. H. (1960), "The Problem of Social Cost", *Journal of Law and Economics*, 1-44.

Dichmann, Werner (1994), "Subsidiarität", *Ordo-Jahrbuch* Bd. 45, 195-249.

Döring, Thomas (1996), "Das Subsidiaritätsprinzip in der Europäischen Union", *Ordo-Jahrbuch* Bd. 47, 293-323.

Erhard, Ludwing (1953), *Deutschlands Rückkehr zum Weltmarkt*, Düsseldorf.

Erhard, Ludwing (1957), *Wohlstand für alle*, Düsseldorf.

Erhard, Ludwing (1962), *Deutsche Wirtschaftspolitik. Der Weg der Sozialen Marktwirtschaft*, Düsseldorf/Wien.

Erhard, Ludwing (1988), Gedanken aus fünf Jahrzehnten. Reden und Schriften, Düsseldorf/Wien/New York.

Eucken, Walter (1952/1990; 6. Auflage), *Grundsätze der Wirtschaftspolitik*. 大野忠男訳 (1967)『経済政策原理』勁草書房.

Eucken, Walter (1950), *Grundlagen der Nationalökonomie*. 6. Auflage.
Giddens, A. (1998), *The Third Way. The Renewal of Social Democracy*. 佐和隆光訳（1999），『第三の道－効率と公正の新たな同盟』日本経済新聞社.
Giersch, Herbert (1988), Liberal Reform in West Germany, *Ordo-Jahrbuch*, Bd. 39, 3-16.
Hackmann, Johannes (1994), "Konkurrenz und Nächstenliebe", *Ordo-Jahrbuch*, Bd. 45, 251-271.
Hayek, Friedlich August von (1960), *The Constitution of liberty*.
Hayek, Friedlich August von (1967), *Studies in Philosophy, Politics and Economics*.
Hayek, Friedlich August von (1976), *Law, Legislation and Liberty*, Vol. 2.
Hayek, Friedlich August von (1978), *Denationalisation of Money. The Argument Refined. An Analysis of the Theory and Practice of Concurrent Currencies*. 2nd. Ed. 川口慎二訳（1988）『貨幣発行自由化論』東洋経済新報社.
Heinrich, Ralph P. (2002), *Complementarities in Corporate Governance*.
Jenkinson, Tim and Alexander Ljungqvist (2001), "The Role of hostile stakes in German corporate governance", *Journal of Corporate Finance*, 397-446.
Kang, Jun-Koo and Rene M. Stulz (1997), Is Bank-Centered Corporate Governance Worth it? A Cross-Sectional Analysis of the Performance of Japanese Firms During the Asset Price Inflation, Working Paper 6238, National Bureau of Economic Research.
Kaplan, Steven N. (1994), "Top Executives, Turnover, and Firm Performance in Germany", *Journal of Law, Economics, and Organization*, 142-159.
Keynes, J. M. (1936), *The General Theory of Employment, Interest and Money*. 塩野谷祐一訳（1983）『雇用・利子および貨幣の一般理論』東洋経済新報社.
Lambsdorff, Otto Graf (1982), *Konzept für eine Politik zur Überwindung der Wachstumsschwäche und zur Bekämpfung der Arbeitslosigkeit*.
Lange-von Kulessa, Juergen/Andreas Renner (1998), "Die Soziale Marktwirtschaft Alfred Müller-Armacks und der Ordoliberalismus der Freiburger Schule—Zur Unvereinbarkeit zweier Staatsauffassungen", *Ordo-Jahrbuch*, Bd. 49. 79-103.
La Porta, Rafael, Florencio Lopez-de-Silanes and Antrei Shleifer (1999), "Corporate Ownership around the World", *The Journal of Finance*, 471-517.
Lenel, Hans Otto (1997), "Ordnungspolitische Kursänderungen", *Ordo-Jahrbuch*, Bd. 48, 85-97.
McKenzie, Richard B. (1984), (ed.) *Constitutional Economics—Containing the Economic Power of Government*.
Menger, C. (1883), *Untersuchungen über die Methode der Sozialwissenschaften, und der politichen Ökonomie insbesondere*. 福井孝治・吉田昇三訳（1939），『経済学の方法に関する研究』岩波文庫.

Müller-Armack, Alfred (1950), Soziale Irenik, wiederabgedruckt in: Religion und Wirtschaft—Geistesgeschichtliche Hintergründe unserer europäischen Lebensform, *Beiträge zur Wirtschaftspolitik*, Bd. 33, 3. Auflage, 559-578.

Müller-Armack, Alfred (1960), "Die zweite Phase der Sozialen Marktwirtschaft: Ihre Ergänzung durch das Leitbild einer neuen Gesellschaftspolitik", in: *Studien zur Sozialen Marktwirtschaft*. 23-45.

Müller-Armack, Alfred (1976), *Wirtschaftsordnung und Wirtschaftspolitik. Studien und Konzepte zur Sozialen Marktwirtschaft und zur Europäischen Integration*, 2. Auflage.

Müller-Armack, Alfred (1981), *Religion und Wirtschaft. Geistesgeschichtliche Hintergründe unserer europäischen Lebensform*, 3. Auflage.

Müller-Armack, Alfred (1981), *Genealogie der Sozialen Marktwirtschaft*, 2. Auflage.

Müller, Lothar (1981), "Die Bedeutung des Subsidiaritätsprinzips auf der Ebene des Staates", in: Otto Kimminich (Hrsg.), *Subsidiarität und Demokratie*, 87-102.

North, Douglass C. (1988), *Theorie des institutionellen Wandels*.

North, Douglass C. (1990), *Institutions, Institutional Change and Economic Performance*.

Popper, Karl R. (1957, 1960), The Poverty of Historicism. 久野 収／市井三郎訳 (1961)『歴史主義の貧困』中央公論社.

Popper, Karl R. (1945, 1973 (rev.)), The open society and its enemies.

Robbins, Lionel (1981), "Economics and Political Economy", *American Economic Review*, Papers and Proceedings, 1-10.

Röpke, Wilhelm (1942/1976), *Die Gesellschaftskrisis der Gegenwart*. 6. Auflage.

Röpke, Wilhelm (1950), Ist die deutsche Wirtschaftspolitik richtig?, Gutachten im Auftrag der westdeutschen Bundesregierung.

Röpke, Wilhelm (1944/1979), *Civitas Humana—Grundfragen der Gesellschafts- und Wirtschaftsreform*, 4. Auflage.

Röpke, Wilhelm (1947), "Offene und zurückgestaute Inflation", *Kyklos*, 57-71.

Röpke, Wilhelm (1953), *"Kernfragen der Wirtschaftsordnung", Ordo-Jahrbuch*, Bd. 48, 27-64.

Röpke, Wilhelm (1957/1979), *Jenseits von Angebot und Nachfrage*, 5. Auflage.

Röpke, Wilhelm (1937/1994), *Die Lehre von der Wirtschaft*, 13. Auflage.

Sachverständigenrat zur Begutachtung der gesamtwirtschaftlichen Entwicklung, Gutachten des jeden Jahres.

Schlecht, Otto (1990), *Grundlagen und Perspektiven der Sozialen Marktwirtschaft*.

Schlecht, Otto (1997), "Das Bundesministerium für Wirtschaft und die deutsche Ordnungspolitik der Nachkriegszeit", *Ordo-Jahrbuch*, Bd. 48, 99-117.

Schmidt, Theodor (1979), *Das Subsidiaritätsprinzip. Ein Beitrag zur Problematik der Begründung und Verwirklichung.*

Shleifer, Andrei and Robert W. Vishny (1997), "A Survey of Corporate Governance", *The Journal of Finance*, 737-783.

Schüller, Alfred (2000), "Soziale Marktwirtschaft und Dritte Wege", *Ordo-Jahrbuch*, Bd. 51, 169-201.

Spieker, Manfred (1994), "Katholische Soziallehre und soziale Marktwirtschaft", *Ordo-Jahrbuch* Bd. 45, 169-193.

Tuchtfeldt, Egon (1995), "Soziale Marktwirtschaft als ordnungspolitisches Konzept", in: Friedrun Quaas und Thomas Straubhaar (Hrsg.), *Perspektiven der Sozialen Marktwirtschaft.*

Vanberg, Viktor (1981), *Liberaler Evolutionismus oder vertragstheoretischer Konstitutionalismus?* Zum Problem institutioneller Reformen bei F. A. von Hayek und J. M. Buchanan.

Vanberg, Viktor (1988), "《Ordnungstheorie》 as Constittional Economics—The German Conception of a 《Social Market Economy》", *Ordo-Jahrbuch*, Bd. 39, 17-31.

Weimer, Wolfram (1998), *Deutsche Wirtschaftsgeschichte. Von der Währungsreform bis zum Euro.*

Willgerodt, Hans (1976), "Economic Planning in West Germany: The Social Market Economy", in: *The Politics of Planning. A Review and critique of Centralized Economic Planning*, 61-82.

Willgerodt, Hans (2001), "Alfred Müller-Armack—der Schöpfer des Begriffs "Soziale Marktwirtschaft"," *Zeitschrift fuer Wirtschaftspolitik.* 253-277.

人 名 索 引
(n は脚注)

青木昌彦　6
アダム・スミス　107, 110
アデナウアー　13, 21n, 24
アリストテレス　108
アレジナ　150
アンドロポフ　38n, 40
イェーリング　146
ウルブリヒト　37
エアハルト　8, 13-17, 19, 21n, 22, 24, 26, 115
オイケン　9, 15, 107, 115, 116, 121, 126, 130, 150, 156n
奥野正寛　6
キージンガー　22, 27
木川田一隆　175
ギデンス　174n
教皇ピウス11世　135
教皇ヨハネス23世　136
教皇ヨハネス・パウロ2世　142
教皇レオ13世　136
クールノー　130
クビチンスキ　48
グラス　36n
グレーアム　125
クレンツ　46
グロスマン=ドェルト　116
グンドラッハ　136
ゲストリッヒ　125
ゲンシャー　39, 40, 49
コール　8, 34, 41, 46, 49, 55n, 70, 170
コッパー　47
ゴルバチョフ　40, 44, 48
サイモンズ　125
佐伯啓思　161
サッチャー　8
シェール　36
島野卓爾　151n

シュトラウス　22
シュバルナゼ　48
シュミット　8, 31, 33, 41, 58
シュモラー　117
シュレーダー　3, 7, 8, 99, 173
シュンペーター　165
ジョスパン　8
シラー　22, 27, 28, 31
ティートマイヤー　172
テルチック　47, 49
トーマス・アクィナス　107, 108
ハイエク　9, 107, 115, 122n, 125, 126, 165
ハイネマン　37
ビスマルク　20n, 87
フォン・ネルブロイニング　137
フランソワ・ケネー　118
ブラント　30, 36
フリードリッヒ・リスト　107, 110
ブレジネフ　40
ベーム　9, 19, 23, 107, 116, 121, 130, 146
ホーネッカー　38, 39, 42
ホルネンコ　38n
ミッテラン　46
ミュラー・アルマック　18, 107, 115
メラー　31
メンガー　116
モドロウ　46
ラムスドルフ　81
リュシュコフ　48
リョラー　47
レーガン　8, 41n
レクスロート　64n, 66
レプケ　107
ワイゲル　64n
ワイツゼッカー　59

事項索引

(n は脚注)

あ 行

INF 全廃条約　42
アウトサイダー・コントロール・システム　92
悪魔の産物　41
頭のなかの壁　59n
新しい社会的市場モデル　69
アナウンスメント効果　26
アムステルダム条約　4
アメリカ型　76
　──の会計基準　90
アメリカ独占禁止委員会　130
アメリカの高金利　33
アリストテレスの「自由」の考え方　108
安定成長協定　4, 5
アンフェアな競争　98
生き残りのための構造改善策　95
企業金融　79
意思決定システムの分権化　163
医療保険　62
インサイダー・コントロール　69
　──・システム　92
インサイダー取引　82
インフレーション　117
インフレ抑圧政策　52
インフレ率　65
ウイーン会議　20n
エアハルト生誕百年　71
営業外収益比率の上昇　81
援助措置　64n
オイケンの秩序概念　159
オイルショック　67
欧州委員会　9
欧州経済共同体　24
欧州通貨制度（EMS）　32
欧州統合　5
　──の拡大と深化　139
欧州連合（EU）　139
オーストリア理論学派　116
オープン・システム　145
オープン・ソサエティ　170
Ordo　107
オルドー自由主義　9, 116, 155, 162
　──者　29, 120
　──の将来　166

か 行

改革　172
回帰のエネルギー　6
介護保険　62
介入　150, 152, 153
回勅（Pacem in Terris）「地には平和を」　136
回勅（Centesimus Annus）　142
外部経済　5
外部効果　132
　──の内部化　132
開発途上国への援助　164
開放経済　33
価格の需給調整機能　112
革新　145
ガバナンス
　ドイツ・コーポレート・──・コード　104
　ドイツの──・モデル　103
　法的・政治的──　94
株価低落　4
株式
　──会社　84
　──取得　79

事項索引

──売却益（キャピタルゲイン）
　　74
──持合い解消　74
株主　129
──主権＝団体交渉モデル　77
──総会　84, 85
──の権限　84
貨幣の信認　125
貨幣発行自由化論　125
カルテル禁止原則　23
環境税　172
環境保護　152, 153
環境問題　132
監査役会　76, 84, 85
──役員　79
──の監督機能　104
──の機能強化　91
──のコントロール機能　90
慣性（inertia）　6
間接金融依存型　102
完全競争　132, 165
完全雇用　15
企業
──家精神　56
──間ネットワーク　103
──倒産　4
──の社会的責任　75
──分野での監視と透明性のための法律　91n
基軸通貨　32
奇跡の成長　115
寄託議決権　78
機能主義　24
規制　126
──的原理（regulierende Prinzipien）
　　129, 165
規範的秩序概念　118n
規範的経済学　124
給付と反対給付の同等　109
教育システム　163
共産主義　170
共産党　51

『共産党宣言』　114
業績原理　54
競争　141, 149, 150
──政策　23n
──制限禁止法　23
──的秩序（パレート最適）　157
──による不公平　157
オープンな──システム　144
効率──　121, 131
競争秩序　53, 123, 128-32, 160, 166
──の構成的原理と規制的原理
　　124
──の構築　127
──の政策　121
──の範囲　122
──への適合　123
協調　148
──行動　28, 74
──自治　64, 67, 75
──的連邦主義（cooperative federalism）　151
共通の価値　111
共同
──フロート　32
──体（ポリス）　108
共同決定　75
──制度　76
──法　86
──の拡大　95
──の価値　97
キリスト教社会同盟（CSU）　7
キリスト教民主同盟（CDU）　7
均衡　111
銀行
──権力の制限　81
──頭取の交代　4
──による企業支配　102
──の企業支配　70
一段階──制度　53
金属産業労組（IGメタル）　68
金融革新　79
金融・資本市場の国際化　81

186　　　　　　　　　事 項 索 引

金融統合（EMU）　98
勤労条件の改善　164
グラスノスチ　42
グローバル・エシック　169
グローバル化　66
グローバリズム　168
景気安定政策手段　163
経営
　——合理化　99
　——参加　15, 75, 86
　——参加モデル　77, 84, 102
　——者の権限　84
　——組織法　22, 87, 95
　戦略的——　93
経済
　——安定法　26
　——安定・成長促進法　28, 74
　——計算　131
　——諮問委員会　26, 35
　——成長率　31
　——体制の格差　6
　——通貨同盟（EMU）　5
　——的リスク　149
　——の奇跡　14, 17
　——のグローバル化　97
経済秩序　13, 118, 141, 154
　補完的——　142, 144
契約の自由　54, 61, 128, 149
ケインズ的政策思考　26
結果志向　156
結果の公平　145
CEPES　175
「権利のための闘争」　146
公開性　104
公害規制　164
公共財　153
公定歩合　34, 65
公的年金　71
交換性回復　22
交換的正義　109
航空機騒音規制　94
構成原理　18

構成的原理　124
構造改革　57, 65, 174
講壇社会主義者　117
行動秩序（Handelnsordnung）　154
合資会社　84
合名会社　84
合理化　66
効率　54
高齢化　172
高齢者早期退職制度　66
コースの理論　148
ゴーデスベルグでの政策綱領　30
コーポラティヴな経営主義モデル　77
コーポレート・ガバナンス　69, 74
日本型コーポレートガバナンス　86
国営企業　53, 56
国債発行の増加　65
国際会計基準　100
「国富論」　110
国民国家　113
国民的生産力の理論　113
国家
　——銀行　53
　——成立基盤　51
　——の権力　119
　——（政府）の役割　122
国境通過手続き　37
穀物法廃止運動　114
個人
　——財産の所有　61
　——財産の保証　149
　——資産の保有　56
　——の自主性　146
古典的連邦主義　151
古典派自由主義　118
雇用
　——拡大　163
　——者増　57
　——状況の悪化　68
　——と成長のためのプログラム　69
　——のために連帯　3
　——のための同盟　68, 75

事項索引　　　　　　　　　　187

混合経済体制　26

さ　行

在庫投資　17
財産形成　15
財産権　152
財政
　——赤字　3-5, 32, 63, 65
　——安定化協定　75
　——企画委員会　58
　——黒字　14
　——支出　57
　——主権　152
　——トランスファー　63
裁量的経営主義モデル　77
3月革命　114
産業構造の転換　90
産業再編成　99
酸性雨　94
算定基礎　72
参入・退出の自由　150
事業所協定　68
事業所協議会　87
自決権　48
自己資本比率の低下　81
自主性　150
自主的賃金決定　21
自助　135, 140
自生的秩序（spontaneous order）　9, 126n, 155, 157, 158
自然的秩序　118
資源配分の効率性　159
試行錯誤　161
市場　53, 144
　——介入　65
　——均衡　159
　——経済　14, 142
　——経済システム　64
　——主義の限界　169
　——秩序　158
　——の調整能力　119

　——の役割　126
　開かれた——　126
時短　88
　——政策　88
　——措置　66
失業　26
　——者数　63
　——増大　55
　——対策　3
　——の増加　62
　——保険　62
　——率　3
執行役会　84
　——会長（つまり社長）　85
実証的比較制度分析　162
支配的所有比率　83
私法社会　146
私法上の身分の平等　147
資本の効率的配分　149
社員株式割り当て　101
社会回勅　135
　「クアドラジェジモ・アンノ」　135
　「レールム・ノヴァールム」　136
社会教説　19, 135
社会国家　20, 30, 86
　——の建設　168
社会自治　69
社会主義国家　45
社会政策　62, 63, 115, 122
　——学会　114
社会秩序　9, 141
社会的　7
　——基本権　62
　——公正　20
　——ジレンマ　119
　——正義　131, 157
　——秩序に対する信頼　138
　——法治国家　62
　——連帯　73
社会的市場経済　3, 5, 7, 13, 67, 120, 135, 157, 168, 170
　——体制　65

188　　　　　　　　　　　事　項　索　引

　　　——の概念　156
　　　——の原理　3, 6, 53, 54, 63, 88, 93,
　　　　　125, 164
　　　——の支柱　107
　　　——の政策的意義　115
　　　——の変容　55
　　　新・——運動　171
社会同盟　61
社会の進化　158
社会扶助法　22
社会保障　20, 134
　　　——制度　61
社会民主主義　172
社会民主党（SPD）　7
社会問題　132
収用政策　56
集団による意思決定　86
私有財産の存在　127
10年間の戦略目標　4
住宅政策　18
住宅建設法　22
重商主義的指向　114
自由　141
　　　——価格制　17
　　　——社会の理想形成の原型　108
　　　——貿易　22
　　　新——主義　115
自由党（FDP）　7
自由放任　121
　　　——経済　20
　　　——主義　170
私有財産の保証　54
循環型社会の構築　95
情報不足　153
情報保護　153
所得政策　131
所得再分配政策　157
所有と支配　84, 93
進化の作用　159
進化的合理主義　160, 161
人口構成の変化　72
人事政策　97

信託公社　56, 64
新保守主義改革　168
信用供与　48, 52
信用リスク　49
森林破壊　94
真理　161
水質汚染　94
水質管理関連法　94
スコラ哲学　8, 107
　　　——の秩序　110
スタグフレーション　29
ステーク・ホルダー　76
ストック・オプション制度　90
すべてのひとに福祉を　14
スワップ　33
西欧ブロック　39
正義　136
　　　——と連帯　173
生産性上昇　55
政策介入　166
政策的修正　156
政治犯の釈放　38
成長の代価　94
成長率　14, 26, 31, 67
制度学派経済学　9, 154
　　　現代——　155, 162
制度志向　155
制度主義　24
政府の役割　112, 126
政労使トップ協議　70
責任　128
　　　——の遂行　149
石油危機　33
設計主義的合理主義　160, 162
　　　——政策　14, 23, 24, 126
全欧安保協力会議　55
選択の自由　163
騒音防止法　94
総合誘導（Globalsteuerung）　28
相互調整の実現　93
操短労働者数　63
組織の規制　158

ソ連共産党中央委員会　50

た　行

対外均衡　25, 34
対内均衡　34
大気汚染　94
　　——関連法　94
大社会改革　115
大連立内閣　27
第三の道　7, 8, 173
第二次銀行業務自由化司令　81
第二帝政　114
ダイムラー社　66
ダンピング　98
弾力化　66, 68
地域協約　67
地上の国　109
地方分権　26
秩序（Ordnung）　8, 134, 148, 154
　　——原理　14
　　——政策に則った全体決定　123
　　——政策の構成的原理　164
　　——の構築　123
　　——の思想　8
　　——の相互依存　18
　　——の優位　110
　　計画された——　143
　　段階的——　140
中世の経済思想　109
中央管理経済　143
長期債市場　33
調整　150
　　——原則　153
　　——原理　18
　　——のカオス　143
直接金融　81
賃金
　　——カット　66
　　——協約法　22
　　——交渉　67, 68
　　——交渉の中央化　98

　　——政策　63
　　——制度　53
　　協約——　89
通貨
　　——改革　14, 18
　　——改革後の中央銀行　125
　　——価値の安定性　35
　　——・経済・社会保障同盟に関する条
　　　約　52
　　——秩序　124
　　——同盟　52, 60
停滞から不況へ　65
敵対的買収　100
転居，家族の引き合わせ　38
ドイツ
　　——・カード　50n
　　——型　76
　　——基本法　20n
　　——経済の体質劣化　172
　　——・ソ連友好条約　49
　　——統一　20
　　——統一基金　57
　　——の政治　7
　　——・マルク　52, 64n
　　——・マンチェスター学派　114
　　——歴史学派　117
　　統一——　50
ドイツ機械・設備工業会　95
ドイツ経営者団体連盟　96
ドイツ産業同盟（BDI）　70
ドイツ社会主義統一党（SED）　45, 60
ドイツ・テレコムの経営失敗　102
ドイツ労働組合連盟　96
ドイツ労働総同盟　21
東欧ブロック　39
東西ドイツの統一　5, 39
東西ドイツ統一条約　53
東西両体制のコンバージ理論　6
東方政策　30, 37
投資援助・資本市場促進法　21
投資と雇用の行動計画　70
当事者自治　69

190　　　　　　　　事　項　索　引

動的年金　24, 71
「道徳情操論」　110
道徳的判断　110
道徳哲学　107
透明性　104
同盟90／緑の党　7
独占　121, 126, 131
　　──禁止法　128
　　──的行動　130
　　──の監視　130, 132
取引コスト　148, 152

　　　　な　行

NATO加盟　49
ニュー・エコノミーの成功　168
人間像　141
人間の共感　110
人間の尊厳　141
年金改革　8, 24
　　──法の狙い　72
年金保険　62
能力原理　131
乗っ取り成功　83

　　　　は　行

パートタイム制度　66
ハイエクの秩序概念　159
ハイテク分野立ち遅れ　99
ハルツ答申　4
廃棄物処理法　94
配分的正義　109
発展段階説　113
万人にチャンスを　171
万人に福祉を　171
比較制度分析　92
東ドイツ　36
　　──再建　57
引き揚げ避難民　14
ビジネスの共益性　93
ビスマルクの労働政策　87

否定的検査　161
標準的労働協約制度　68
貧窮層援助　164
フォルクスワーゲン社　66
付加価値税　73
　　──引き上げ　65
不確実性　144
不完全な情報　143
不況　3
複雑系の経済学　144
福祉　140
　　──国家　30, 171
　　──の危機　99
　　──の限界　71
二つのドイツ　38
物価安定　150
フライブルグ学派　9, 116
分業の形成　113
分権
　　──国家　112
　　──制　9
　　──的社会　54
分配　131
　　──の正義　145
　　──への要求　31
ブンデスバンク（ドイツ中央銀行）の独
　　立性　28, 32, 52, 61, 150
平和革命　46
ベルリン問題　37
ベルリンの壁　47
ペレストロイカ　42, 51
法制度　53
法制の統一と解釈　62
法秩序（Rechtsordnung）　154
法的規制　85
方法論争　116
亡命　45
ポーカー・ゲーム　50
補完性原理　9, 134
　　──の実現　137
　　──の重要性　137
　　──の目的　138

事項索引　　191

　　貨幣発行に関する——　151n
　補完性の情報経済的機能　143
　保護関税システムの樹立　113
　保護主義　114
　保守主義とリベラリズム　7
　ポリシー・ミックス　27,29

ま・や 行

マーストリヒト条約　5,9,135,138
マイナス成長　65
マルク　75
　　——の安定　32,34
　　——の切り上げ　22,29
　　——の交換比率　60
　　——の信認　17
マルクス・レーニン主義　51
見えざる手　111
見える手　112
民営化　57
　　——手続き　64
民主主義の赤字　96
メインバンク　78,82
目標の衝突　61
持ち合い株式の売却　99
持ち株モデル　101
モラル・ハザード　102

夜警国家　20
　　——論　112
有限会社　84
融資総額の規制　81
ユーロの誕生　5
豊かさの壁　55
豊かな社会　171
ユニバーサルバンク　78,100
輸入されたインフレ　29
予定調和　111

ら・わ 行

ライプチッヒのデモ　46
ライプチッヒでの民衆　58
利益相反　82
リサイクル社会　95
リストラの動き　66
リベラリズム　172
旅行の簡便化　38
歴史学派　112
　　新——　114
歴史主義　107
歴史的経路依存性　6
連帯　136n,137,140,145
　　——協定　58
　　——的活動　135
　　——問題　140
連邦カルテル庁　130
労災保険　62
老人ホーム　61
労働
　　——組合組織率　89
　　——市場　98
　　——市場の制度的仕組み　98
　　——者階級の福祉向上中央連盟　87
　　——時間短縮　68
　　——のモラル　54
　　——の自由　54
　　——法秩序　61,62
　　統一サービス産業——組合　98
労働協約　88
　　——からの逃避　89
　　——の改革　67
　　——の分権化　68
　　横断的——の実質的解体　89
　　企業別——　89
　　産業別・地域別（州別）——　88
ローマ条約　24,139
ロンバート金利　34

ワークシェアリング　66
ワイマール憲法165条　87
ワルシャワ条約機構　44

島野卓爾（しまの・たくじ）

1928年生まれ．1953年学習院大学政経学部卒業．1956年キール大学博士課程修了（Dr. rer. pol.）．上智大学講師，学習院大学経済学部教授を経て国際大学学長を歴任現在，学習院大学名誉教授．
専攻 国際経済政策
〔主要著書〕『世界経済を考える』勁草書房，1970年．『国際経済政策の課題』日本経済新聞社，1975年．『欧州通貨統合の経済分析』有斐閣，1996年．

〔ドイツ経済を支えてきたもの〕　　　　　　　　　　ISBN4-901654-18-7
2003年7月25日　第1刷印刷
2003年7月30日　第1刷発行

著者　島　野　卓　爾
発行者　小　山　光　夫
印刷者　藤　原　良　成

発行所　〒113-0033 東京都文京区本郷1-13-2
　　　　電話(3814)6161　振替00120-6-117170　　株式会社　知泉書館
　　　　http://www.chisen.co.jp

Printed in Japan　　Ⓒ2003 Eshun Hamaguchi　　印刷・製本／藤原印刷

〈二十一世紀叢書〉の発刊に当たって

　日本は，経済，社会，政治，文化のすべての分野において，第二次世界大戦後最大の危機を迎えている。この危機的状況を超えて，新しい発展の契機をいかにして形成するかが，私たちにとって最も緊急度の高い課題である。この，日本の選択において基本的な役割を果たすのが，ジョン・ステュアート・ミルに始まり，ジョン・デューイによって一つの哲学的体系として集大成されたリベラリズムの思想である。

　このとき，戦後の復興期から高度経済成長期を経て，低経済成長期への調整過程を通じ，常にリベラリズムの立場に立って，日本の選択を主導してきた木川田一隆の思想と行動から私たちは学ぶべきものが大きい。木川田一隆は，一方では，新渡戸稲造，矢内原忠雄，河合栄次郎のアカデミックな系譜に属するとともに，他方では，福沢諭吉，松永安左右衛門の流れを汲む実践的経営者として活躍した。

　もし，私どもがリベラルな立場でこの困難な時代を克服し将来を選択すれば，二十一世紀における日本の新しい発展の可能性について明るい光を投げかけるに違いない。

　本叢書は，木川田一隆の思想と行動に象徴されるリベラルな選択のあり方について，経済，社会，政治，文化をはじめとして，人間活動のあらゆる分野における日本の可能性を探り，二十一世紀における日本の新しい発展の契機形成に資するために刊行されるものである。

　平成15年7月

　　　　　　　　　　　　　財団法人　二十一世紀文化学術財団